Mirjam Pressler

Nathan und seine Kinder

CORNELIA ZENNER | GÜNTER KRAPP

Lehrerheft

Die Seitenangaben beziehen sich auf die Taschenbuchausgabe Gulliver 1233,
Mirjam Pressler, „Nathan und seine Kinder", Beltz & Gelberg, Weinheim Basel, 2011

Inhalt

Vorwort

„»Gott ist fern, aber die Menschen sind nah [...] Das höchste Ziel der Menschen muss die Vernunft sein. Vernunft und die Liebe zu anderen Menschen.«“
(Nathan in Mirjam Pressler, „Nathan und seine Kinder“, S. 48/12–14)

Im Mittelpunkt des Romans „Nathan und seine Kinder“ von Mirjam Pressler steht die schon aus Lessings Drama „Nathan der Weise“ bekannte provozierende Frage Sultan Saladins, an Nathan gerichtet: **„»Sage mir, welcher Glaube ist der richtige? Wer hat recht, der Muslim, der Jude oder der Christ.«“** (S. 157/17–18)

Mirjam Pressler zieht aus der Antwort Nathans, aus der Ringparabel, ihre größte Motivation, die Geschichte Nathans in Form eines Romans jugendlichen Lesern neu und anders zu erzählen und so nahezubringen.

Wahrer Glaube, so die Antwort Nathans an den mächtigen Sultan – und an den Leser –, beweist sich nur durch ein gerechtes und menschliches Leben, das Vernunft und Herz vereint und im anderen immer auch das Gemeinsame sieht.

Mirjam Pressler fügt neue Figuren ein, gestaltet diese und die Ereignisse in Jerusalem zur Zeit des Dritten Kreuzzuges im Jahr 1192 atmosphärisch und sensibel, indem sie acht Figuren aus jeweils ihrer Perspektive erzählen lässt. Menschen unterschiedlicher Herkunft aus verschiedenen Kulturen suchen im umkämpften Jerusalem nach ihrer Identität. Pressler verändert den Schluss: Nathan, genannt „der Weise“, wird ermordet, ob von Räubern oder einem religiösen Fanatiker, der den Frieden verhindern will, bleibt offen.

Nathans Kinder bleiben zurück, sie finden ihre Identität und gehen ihren Weg, sie gehen den Weg Nathans weiter. So bleibt die Hoffnung auf die Erfüllung von Nathans Traum: Dass wir Menschen für Freiheit und Gerechtigkeit eintreten, im Alltag Friedfertigkeit, Nächstenliebe und Toleranz leben und praktizieren.

Presslers Roman gestaltet viele Themen, Motive und ethische Ideale, die Jugendliche ansprechen können, die aktuell sind in einer Zeit, in der religiöse Bindung und Orientierung infrage gestellt werden und in Deutschland nahezu jeder Dritte keiner Konfession angehört.

Zeitlos ist auch, dass Glaube und Religion für politische Zwecke missbraucht und instrumentalisiert werden. Machtstreben, Fanatismus und Intoleranz bedrohen das Zusammenleben von Völkern und Kulturen, Pressler thematisiert auch dies. Der Roman kann dazu anregen, den Streit zwischen Konfessionen und Kulturen, wo er geführt wird, im Sinne der Aufklärung zu führen: Im Bemühen um das Streben nach Wahrheit und in gelebter Toleranz, die im Anderen, im Fremden auch die Chance der persönlichen und kulturellen Bereicherung sieht und die dem Menschen seine Wahl und Freiheit belässt.

Wir wünschen Ihnen und Ihren jugendlichen Lesern viel Erfolg!

Die Inhaltsangabe ist kapitelweise umfangreicher gehalten und bezieht die Entwicklung der Romanfiguren, Motive und Themen des Romans mit ein. Die daran anschließende Figurenkonstellation (S. 15) gibt eine Übersicht über die wesentlichen Beziehungen der Figuren und über wichtige Entwicklungen. Sie stellt eine *Lösungsmöglichkeit* für die Aufgabe im Schülerheft auf der Doppelseite 28 bis 29 dar.
Wir haben die Kapitel, die im Roman selbst nicht nummeriert sind, zur Orientierung mit Nummern versehen. Die beiden Anfangszitate treffen jeweils auf den Erzähler zu und können als Ausgangspunkt für eine Diskussion oder Schreibaufgaben genutzt werden. Das / die Schlusszitat/e betrifft / betreffen jeweils Nathan oder eine im Kapitel thematisierte Figur.

Kapitel 1 (S. 9 – 23) Erzähler: Geschem

„Ich war ein Nichts …" (S. 12/6)
„»Ich habe keine Familie und keinen Namen. Ich weiß nicht, wer ich bin.«" (S. 20/20 – 21)

Ort, Zeit	Gegenwartshandlung	Rückwendungen
Nathans Haus in Jerusalem; 1. Tag der Gegenwartshandlung – Sommer 1192	Ein Junge erwacht von Dajas Schreien. Das Haus steht in Flammen. Recha, die Tochter des Hauses, ist in Gefahr. Er wünscht sich, dass er sie retten kann, doch er ist zu schwach, und der Rauch macht ihn schließlich bewusstlos. Kurz zuvor nimmt er noch einen Fremden wahr, der in das brennende Haus eindringt. Er erkennt schemenhaft einen weißen Umhang mit einem großen, roten Kreuz. Als er erwacht, schämt er sich, weil er Recha, die Tochter seines Herrn Nathan, nicht gerettet hat. Diese ist jedoch, wie Daja berichtet, von einem Tempelritter gerettet worden. Recha meint gegenüber Nathan, der von einer Geschäftsreise zurückgekommen ist, sie sei von einem Engel gerettet worden. Angeblich gibt es aber in Jerusalem keine Tempelritter mehr, doch Nathan erfährt von seinem Freund al-Hafi, dass einer von ihnen durch Sultan Saladin verschont wurde. Nathan kommt ins Gespräch mit dem Jungen, der bisher im Haus immer nur als „Jeled, Junge" angesprochen wurde. Er erfährt, dass dieser vor Jahren von Elijahu todkrank ins Haus gebracht wurde. Auf Nathans Frage, welchen Namen er sich wünsche, wählt er „Geschem", [„Geschem" = „Regen" (S. 22/20)]. Geschems Bedenken, er wisse nicht, ob er Christ, Jude oder Moslem sei, zerstreut Nathan mit dem Hinweis, dass alle Menschen Kinder Abrahams seien und er sich entweder Geschem Ben Abraham oder Geschem Ibn Ibrahim nennen könne, je nachdem, wer ihn nach seinem Namen frage.	Zweieinhalb Jahre zuvor, Winter 1189/90; in den Straßen von Jerusalem: Geschem ist sehr krank und ausgehungert. Er erwartet vom Tod Erlösung. Elijahu findet ihn und bringt ihn in Nathans Haus. Gemeinsam mit Zipora sorgt er sich um den Jungen, der von nun an Zipora bei ihrer Arbeit hilft.

Nathan zu Geschem: „»Aber egal, wer deine Eltern waren, ein Mensch braucht einen Namen.«" (S. 22/11 – 13)
Themen: Rettung Rechas durch einen Tempelritter; Identitätssuche – der Mensch braucht einen Namen

Kapitel 2 (S. 24 – 40) Erzählerin: Daja

„ […] und war dankbar, dass mein Bett in einem Haus mit dicken Mauern stand, nicht in einer Hütte, wie früher, […]" (S. 24/19 – 20) / „Sobald ich die Augen schloss, sah ich Nathan vor mir, wie blass er geworden war, […]" (S. 24/25 – 26)

Ort, Zeit	Gegenwartshandlung	Rückwendungen
Nathans Haus – ein Tag nach dem Brand	Daja, die Erzieherin und Gesellschafterin Rechas, kann nicht schlafen. Sie ist zu aufgewühlt. Bilder gehen ihr durch den Kopf, das Bild des gerührten Nathan angesichts seiner unversehrten, geretteten Tochter, aber auch Bilder aus der Vergangenheit, von ihrer Heimat und Erinnerungen an die Reise mit den Kreuzfahrern ins „Heilige Land". Sie ist froh über Rechas Rettung, auch deshalb, weil ihre Existenz als Gesellschafterin von deren Wohl abhängt und sie Nathan gegenüber dankbar für ihre Aufnahme in sein Haus ist.	Daja stammt aus Gunzenhausen, wo sie bei ihrer Großmutter in ärmlichen Verhältnissen aufgewachsen ist. Zeit nach dem Zweiten Kreuzzug, etwa 1174: Eines Tages lagert ein Trupp Kreuzfahrer mit Tross vor ihrem Dorf. Sie lässt sich von deren Begeisterung – „Gott will es" – anstecken und ihre Lust nach Abenteuern lässt sie mit den Kreuzfahrern mitziehen. Die Reise wird durch Hunger, Strapazen sowie durch Feindschaft der Menschen, durch deren Länder sie ziehen, zu einem Fiasko. Viele sterben, auch ihre beste Freundin und ihr Mann Gisbert. 1178: In ihrer höchsten Verzweiflung begegnet ihr in Jerusalem Nathan, der eine Frau sucht, die sich um seine Tochter kümmern soll.

Daja: „Ich wollte mich nicht erinnern, nie war mein Leben so angenehm gewesen wie hier, in Nathans Haus." (S. 39/24 – 25)
Themen: Nathans Bestürzung; Dajas Weg vom Heim ihrer Großmutter bis zu Nathan

Kapitel 3 (S. 41–54) — Erzähler: Elijahu

„[…] ich, Elijahu, seit achtzehn Jahren Nathans treuer und ergebener Verwalter und Freund." (S. 41/10–11)
„So hatte ich ihn nur einmal erlebt, damals in Gath, unserer Heimatstadt, genau so hatte er damals ausgesehen, als er vor den Trümmern seines Hauses gestanden hatte, Nathan, mein Herr und Bruder." (S. 43/18–21)

Ort, Zeit	Gegenwartshandlung	Rückwendungen
Nathans Haus	Elijahu berichtet, wie er, Nathan und Jakob nach einer wochenlangen Reise von dem Brand erfahren haben, und wie sie erleichtert sind, dass Recha unversehrt gerettet werden konnte. Der Brand in Nathans Haus lässt Elijahu an ein für Nathan schicksalhaftes Feuer vor achtzehn Jahren denken. Nathan erfährt von Elijahu, wie er Geschem als todkranken Jungen zu ihm gebracht hat. Er weiß nicht, woher dieser seine schweren Brandnarben hat. Elijahu hatte dies mit Rücksicht auf Nathans Schicksal verschwiegen. Darauf angesprochen, erwidert er, dass auch Nathan nie über sein Schicksal spreche. Nathan erwidert ihm, dass es ihn viel Kraft koste, nicht wahnsinnig zu werden und die Vernunft zu bewahren. Nathan bittet Elijahu, sich um Geschem zu kümmern, wie ein Vater um seinen Sohn. Elijahu gibt zu bedenken, dass Geschem mal bei Juden, mal bei Muslimen gelebt habe und nicht wisse, wo er hingehöre. Nathan widerspricht, Geschem müsse irgendwo seinen Platz haben, und da alle Menschen Kinder Abrahams seien, könne er als Jude leben. Nathans Worte, dass die Menschen Gott nahe sein könnten, wenn auch sie seine Geschöpfte liebten, überzeugt ihn, sich Geschem Ben Abraham anzunehmen.	Damals vor achtzehn Jahren (1174) waren sie auch von einer Reise zurückgekommen. Christen hatten sich in einem Akt unvorstellbarer Barbarei aus Wut über eine Niederlage gegen Saladin an Juden schadlos gehalten. Nathan verlor seine gesamte Familie. Kurze Zeit danach brachte ein Klosterbruder einen Säugling ins Haus, es war **Recha**. Nathan nahm sie als seine von Gott geschickte Tochter auf und zog nach Jerusalem.

Elijahu: „Es ist eine Lüge, wenn man sagt, die Zeit heile jeden Schmerz. Sie deckt ihn nur zu, […]" (S. 44/27–28)
Nathan: „»Gott ist fern, aber die Menschen sind nah. […], das höchste Ziel der Menschen muss die Vernunft sein. Vernunft und die Liebe zu anderen Menschen.«" (S. 48/12–14)

Themen: Vernunft und Liebe statt Rache; Geschem – Herkunft, Name, Zuhause

Kapitel 4 (S. 55–66) — Erzählerin: Recha

„Im Traum halten Engel den Menschen einen Spiegel vor, sie zeigen ihm, was er sich wünscht oder was ihm die Zukunft bringen wird." (S. 55/9–10]

Ort, Zeit	Gegenwartshandlung	Rückwendungen
Nathans Haus	Recha glaubt, dass ihr Retter ein Engel gewesen sein muss. Daja und Nathan versuchen ihr das auszureden. Zu Hause sieht sie, wie die Brandschäden beseitigt werden und dass der Junge vertrauensvoll mit Elijahu arbeitet. Sie möchte ihre verheiratete Freundin Lea besuchen. Recha nimmt ihre Stadt, den Markt und die Menschen nun viel intensiver wahr, sie genießt ihr Leben als Geschenk und ihr Glück. Um das Gefühl ihres Glücks nicht zu verlieren, geht sie doch nicht zu ihrer Freundin Lea, sondern zur Grabeskirche in der Via Dolorosa. So entdeckt sie ihren Retter, den Tempelritter, der einen gebrechlichen Pilger stützt. Diese Begegnung wühlt sie innerlich so auf, dass sie nicht zu ihm gehen und ihm danken kann. Sie beschließt, den Tempelritter durch Daja zu Nathan einladen zu lassen.	Recha erinnert sich an ihre Rettung: Ein Engel, der aus den Flammen trat, in weißem Gewand, sie aufhob und hinaustrug. Sie denkt an ihre Freundin Lea, die ihr einmal riet, mit der Ehe zu warten, diese sei nicht so, wie sie es sich als Mädchen vorgestellt hätten.

Nathan zu Recha: „»Aber in Wirklichkeit ist es leichter, einen Menschen zu lieben als einen Engel, und es ist auch leichter, einem Menschen zu danken.«" (S. 57/28–30)

Themen: Engel halten im Traum Menschen einen Spiegel vor; Feuer und Wasser – Errettung, Leben genießen; Rechas Innenleben; Rechas Beziehung zu Nathan

Kapitel 5 (S. 67– 85) | Erzähler: Der Tempelritter

„Nirgendwo sind Grausamkeit und Gewalt so allgegenwärtig wie hier, [...]" (S. 67/11 – 12)
„Sogar die Natur hat hier etwas Gewaltiges und Grausames, lässt den Menschen hin- und herschwanken zwischen Erhabenheit und Abscheu, zwischen Anbetung und Verzweiflung." (S. 67/15 – 18)

Ort, Zeit	Gegenwartshandlung	Rückwendungen
Jerusalem; Berg Zion	Der Tempelritter ist auf dem Weg zum Patriarchen, den er aber nicht aufsucht, weil ihn zu viel beschäftigt. Das „Heilige Land" empfindet er als ein Land der Barbarei und des Todes. Er fühlt sich wie ein vom Wind getriebenes Blatt, das jemand achtlos vom Baum gerissen hat. Er verbringt die Nacht auf dem Berg Zion und blickt auf das Tal Hinnom. Er fühlt sich fremd, ein Tempelritter zwar, aber nicht mehr als jener Curd von Stauffen, der er war. Nun empfindet er sich als namenlosen Ritter, der nicht weiß, wo er hingehört. Statt Heldentaten, mit denen er sich zu Hause Konrad von Stauffen beweisen wollte, hat er Hilflosigkeit, Tod und Verzweiflung gefunden. An die Rettung des Mädchens verliert er wenig Gedanken. Am nächsten Morgen besucht er den Patriarchen, den Bischof von Jerusalem. Dieser lebt in Luxus und ist dekadent. Er fragt ihn misstrauisch, warum Saladin einen wie ihn als Einzigen am Leben gelassen habe. Er verlangt, dass er Saladins Privileg zur Spionage über Jerusalem und das Heer des Sultans ausnutzen solle. Gott habe ihm diese wichtige Aufgabe vorbehalten. Vielleicht könne er den Sultan sogar den verbliebenen Templern in Montfort ausliefern oder töten. Der Tempelritter empfindet Übelkeit und will seine Ehre als Ritter nicht verlieren, indem er den Sultan, seinen Retter, auch wenn dieser ‚Heide' ist, verrät.	Auf dem Berg Zion erinnert er sich an eine Schlacht gegen Saladins Truppen, die von den Tempelrittern trotz eines Waffenstillstandes angegriffen wurden (Frühjahr 1192). Sie endete mit der vollständigen Niederlage der Tempelritter. Anschließend ließ Saladin alle Überlebenden, auch Helmfried, nach Jerusalem bringen und hinrichten. Er aber wurde nicht nur verschont, er stand von nun an unter dem persönlichen Schutz Saladins, ohne den Grund dafür zu kennen. Das Lächeln Helmfrieds bei dessen Hinrichtung wird er nie mehr vergessen. So erinnert er sich, wie Helmfried sich gefreut hatte, Jerusalem zu befreien. Die Worte des Patriarchen erinnern ihn an Helmfried, der ihm die Entstehung und Ideale der Tempelritter nahebrachte: Jerusalem aus der Hand der Ungläubigen zu befreien, im Dienste Christi keusch, gehorsam und arm zu leben und die Straßen nach Jerusalem zu sichern.

Tempelritter: „Meine Welt war auf den Kopf gestellt, ich war nicht mehr der Curd von Stauffen, der ich einmal gewesen war, dieser Mann war tot, er war mit seinen Ordensbrüdern gestorben. Der andere, der nun da saß, über dem Tal von Hinnom, war ein Fremder, den ich nicht kannte." (S. 76/9 – 13)

Themen: Entwurzelung, Identität, Krieg und Folgen des Krieges

Kapitel 6 (S. 86 – 98)	Erzähler: Al-Hafi

„Das Leben ist wie ein Schachspiel, die Menschen sind nichts anderes als Figuren, die von einer höheren Macht hin und her geschoben werden." (S. 86/9 – 11)
„Bis vor wenigen Wochen war ich al-Hafi, ein einfacher, anspruchsloser Derwisch, und nun war ich Schatzmeister Saladins, des Sultans." (S. 86/23 – 25)

Ort, Zeit	Gegenwartshandlung	Rückwendungen
Nathans Haus; Palast des Sultans	Al-Hafi, der Vetter und Schatzmeister Saladins, kommt zu Nathan, seinem Freund und Schachpartner. Nathan reagiert befremdet auf al-Hafis neue Stellung beim Sultan. Al-Hafi erzählt, dass der Tempelritter Sultan Saladins geliebtem und verschollenem Bruder sehr ähnelt und deshalb verschont worden ist. Er beobachtet mitten in der Nacht ein offenbar heimliches Treffen von Saladins jüngstem Bruder Melek al-Adel mit dem Hauptmann der Wache, Abu Hassan. Die Szene wirkt wie eine Verschwörung, al-Hafi weiß nicht, was er von diesem Treffen halten soll, beschließt aber, dem Sultan nichts zu sagen. Sittah, seine Cousine und Saladins Schwester, sucht ihn auf, weil die Schiffe mit den Steuereinnahmen aus Ägypten noch nicht eingetroffen sind, angesichts leerer Staatskassen ein bedrohlicher Umstand. Sie schlägt ihm vor, zu seinem Freund Nathan zu gehen, um sich bei ihm Geld zu leihen. Al-Hafi weiß um die Gefahr, die Nathan droht, wenn er der Bitte nachkommt.	Al-Hafi verließ als junger Mensch sein Elternhaus und zog bis nach Indien, wo er sich niederließ, in bescheidenen Verhältnissen lebte und dabei mit sich und der Welt zufrieden war. Beiläufig hörte er von Fremden vom Aufstieg seines Vetters Saladin, bis er eines Tages die Eingebung hatte, er müsse nach Jerusalem ziehen. In Saladin sieht er den großzügigen und zugleich unberechenbaren Despoten, mildtätig und grausam zugleich.

Al-Hafi über Saladin: „Auch sein Leben lässt sich mit einem Schachspiel vergleichen: der König und die Dame, Saladin und Sittah. Saladin ist der absolute Herrscher, ihm darf nichts geschehen, sonst ist das Spiel verloren und allen Beteiligten drohen Untergang und Tod. Sämtliche Figuren auf dem Brett sind gezwungen, dem König zu dienen, damit das Spiel weitergeht, und darauf kann er sich verlassen." (S. 92/ 6 – 12)

Themen: Wahrheit erkennen: zu jeder Wahrheit gehört ihr Gegenteil; die Gemeinsamkeiten bilden den Schlüssel zur Wahrheit; Metaphorik des Schauspiels; Menschen als Figuren, die benutzt werden

Kapitel 7 (S. 99 – 108)	Erzählerin: Daja

„Ich war dabei, als sie sich trafen, Nathan und der junge Tempelritter, und ich war so zornig geworden, dass ich mich jetzt noch darüber wundere, [...]" (S. 99/9 – 11)

Ort, Zeit	Gegenwartshandlung
Straße; Nathans Haus	Daja und Nathan sind auf dem Weg, um der Familie des Levi Ben Sirach ihr Beileid auszusprechen. Sie finden den Tempelritter unter einem Maulbeerbaum sitzend, und Nathan will sich überschwänglich bei ihm bedanken. Doch dieser weist den Dank schroff und beleidigend zurück, worauf ihm Daja seine Überheblichkeit in harten Worten vorhält. Der Tempelritter ist davon überrascht und verunsichert. Er lässt sich zu einem Gastmahl bei Nathan einladen. Nathan und der Tempelritter reden lange miteinander, und am Schluss verabschieden sie sich als Freunde. Recha war die meiste Zeit still. Daja wird klar, dass sich Recha in den Tempelritter verliebt hat.

Daja zum Tempelritter: „»Hat unser Heiland selbst uns nicht gelehrt, die Menschen zu lieben und Achtung vor Gottes Geschöpfen zu haben?«" (S. 103/28 – 30)

Themen: Begegnung Nathan – Tempelritter, Judentum – Christentum

Kapitel 8 (S. 109 – 119) | Erzählerin: Recha

„Mit seinem Gesicht vor Augen war ich eingeschlafen, diesem schönen Gesicht, das mich nicht mehr loslässt, [...]" (S. 109/9 – 10)

Ort, Zeit	Gegenwartshandlung	Rückwendungen
Nathans Haus; Leas Haus	Recha träumt, und ihre Träume vermitteln ihr, dass ihre Wünsche unerfüllt bleiben, sich in nichts auflösen. Selbst der Tempelritter enteilt ihr. Nach dem Erwachen betrachtet sie sich im Spiegel und verfällt wieder ihren Träumereien. Sie sieht das Gesicht des Tempelritters neben sich, sie sieht sich als junge Frau, den Tempelritter als ihren Freund. Sie beschließt, Lea, ihre verheiratete schwangere Freundin, zu besuchen. Vielleicht hilft sie ihr, ihre Träume zu deuten. Sie hofft vergeblich, auf ihrem Weg dem Tempelritter zu begegnen. Lea ist mit eigenen Problemen beschäftigt. Sie hat Angst, wieder eine Tochter anstatt eines Sohnes zu gebären. So findet Recha keinen Weg, sich ihr anzuvertrauen.	Erinnerungen an die gemeinsame Jugend, ihr Spiel, beim Krähen der Hähne die Zahl ihrer zukünftigen Kinder zu bestimmen oder ihr Gang während der Winterzeit ins Kidrontal.

Lea zu Recha: „»Wir hatten ein schönes Leben« [...] »Schade, dass man Glück immer erst im Nachhinein erkennt.«" (S. 119/1 – 3)

Themen: Zerrüttete Gefühlswelt; Glückliche Jugendzeit

Kapitel 9 (S. 120 – 135) | Erzählerin: Sittah, Schwester des Sultans

„Ich hatte Angst vor dem, was mir der Tag, der gerade begonnen hatte, bringen würde, [...]" (S. 120/18 – 20)
„Ich liebte ihn, meinen Bruder, aber in meinem Innern stritt oft genug die Schwester mit der Frau, die sich dem Mann widersetzen wollte." (S. 120/27 – 30)

Ort, Zeit	Gegenwartshandlung	Rückwendungen
Palast des Sultans	Sittah bereitet sich auf den angekündigten Besuch des Abgesandten Richard Löwenherz' bei Sultan Saladin vor. Sie fühlt sich nicht gut, denn sie soll mit einem Vetter des englischen Königs verheiratet werden. Sie liebt aber Machmud. Außerdem soll Melek, der jüngste Bruder Saladins, die verwitwete Schwester des Königs heiraten. Die Engländer und Franken wollen auf diese Art den Frieden erhalten und gleichzeitig freien Zugang zu den christlichen Kultstätten in Jerusalem zugesichert bekommen. Saladin und al-Hafi halten das Angebot für eine Kriegslist. Tatsächlich verkündet der Abgesandte, dass die Schwester Löwenherz' nicht gewillt sei, einen Muslim zu heiraten. Saladin ist in einer Zwickmühle, denn ihm fehlt das nötige Geld, um den Krieg fortzusetzen. Sittah fordert al-Hafi noch einmal auf, bei Nathan vorstellig zu werden und ihn in den Palast des Sultans zu bringen.	Sittah erinnert sich, wie Melek seinem Bruder Saladin mit großem Eifer das Friedensangebot des englischen Königs unterbreitete, und sie wunderte sich schon damals, dass der englische König den von Saladin selbst in Gang gesetzten Schriftverkehr unterbrochen hatte, um mit dessen jüngerem Bruder weiter zu verhandeln. Sie misstraute der ganzen Sache, vor allem wegen Meleks unbändigem Ehrgeiz.

Sultan Saladin: „»Die Heilige Stadt ist ebenso gut die unsere wie die eure. Sie ist für uns sogar noch wichtiger, denn zu ihr hat unser Prophet seine wunderbare nächtliche Reise unternommen und dort wird unsere Gemeinschaft am Tag des Jüngsten Gerichts versammelt sein. Es ist also ausgeschlossen, dass wir sie aufgeben«" (S. 123/20 – 25)

Themen: Politische Machenschaften

Kapitel 10 (S. 136 – 143)	Erzähler: Abu Hassan

„Schon mein Vater war Hauptmann, und er hat uns, seine Söhne, zu Kämpfern erzogen, zu Kämpfern für Allah, [...]“ (S. 136/9 – 10)
„Ein falsches Wort zum falschen Mann und mein Leben wäre weniger wert als ein Sandkorn in der Wüste.“ (S. 136/24 – 26)

Ort, Zeit	Gegenwartshandlung	Rückwendungen
Palast des Sultans	Der Hauptmann der Wache erzählt von seinem heimlichen Bündnis, dessen Ziel es ist, Saladin zu stürzen, weil er dessen Toleranz und dessen Absicht, Frieden zu schließen, missbilligt. Ebenso missbilligt er die Präsenz der Juden in Jerusalem und spricht vom „Heiligen Krieg“. Dabei beruft er sich auf den Propheten, der eine Freundschaft mit Vertretern anderer Religionen nicht zulasse, weil er deren Verführung und Bedrohung fürchte.	Abu Hassan erinnert sich an den Sieg gegen die Franken und daran, dass Saladin die Stadt Akko nicht zum Plündern freigegeben hatte (Sommer 1187). Ebenso ließ er die italienischen Kaufleute mit ihren Reichtümern davonziehen, und später verhinderte er die Zerstörung der christlichen Grabeskirche in Jerusalem, alles in allem Gründe genug, um den Sultan abzulösen.

Abu Hassan über Saladin:„Wir hätten das ganze Land zurückerobern können, wenn Saladin mutig und entschlossen gewesen wäre. Unsere Brüder wurden vergeblich im Kampf geopfert. Mein Bruder Achmed ist umsonst gestorben.“ (S. 143/12 – 16]

Themen: Religiöser Fanatismus, Hass auf andere Religionen; Intrige gegen Saladin

Kapitel 11 (S. 144 – 153)	Erzähler: Tempelritter

„Ich führte eine Gruppe von Pilgern durch die Stadt, von der man sagt, Gott liebe sie mehr als jede andere, sie sei ihm geheiligt unter allen Städten.“ (S. 144/9 – 11)
„Seit Tagen, seit ich sie zum ersten Mal wirklich angeschaut hatte, Recha, Nathans Tochter, war ich verwirrt.“ (S. 144/ 23– 24)

Ort, Zeit	Gegenwartshandlung	Rückwendungen
Jerusalem und Umgebung	Der Tempelritter führt eine kleine, neu angekommene Pilgergruppe durch Jerusalem, doch in Gedanken ist er bei Recha, die er seit seinem Besuch bei Nathan nicht mehr aus dem Gedächtnis bekommt. Er ist verliebt und fühlt sich in einer ausweglosen Situation, weil er als Tempelritter ein Keuschheitsgelübde abgelegt hat. Auch als Christ meint er, die Jüdin Recha nicht heiraten zu können. Er ist voller Heimweh, denkt wehmütig an den Tod Helmfrieds, und erinnert sich an seine Jugend auf der Burg Stauffen zurück, wo er abschätzig behandelt wurde („einer wie du“). Durch seine Ausbildung zum Ritter und mit der Teilnahme am Kreuzzug wollte er beweisen, was in ihm steckt. Als er in Erinnerung an Helmfried und an das Gelübde der Keuschheit meint, die Liebe zu Recha aus seinem Herzen zu reißen, tritt ihm Daja in den Weg, die ihm etwas sagen und sich deshalb am Abend mit ihm treffen möchte.	Die Sprache der Pilger und deren Tonfall erinnern den Templer an seine Zeit in der Heimat, eine Zeit, in der er auf Burg Stauffen viele Enttäuschungen erleben musste. Seine Leistungen während seiner Ausbildung waren in allen Fächern und Disziplinen hervorragend, dennoch wurde er nie entsprechend behandelt. Seine Mutter hatte ihn als Säugling zurückgelassen, als sie ins „Heilige Land“ zog, sein Vater ist unbekannt. Der Burgherr, Konrad von Stauffen, sein Onkel, hatte ihm seinen Namen gegeben, widerwillig. Seine Mutter hatte Leu von Filnek als Name angegeben. Er schloss sich den Kreuzfahrern, den Templern, an, um alles hinter sich zu lassen. Auf der beschwerlichen Reise ins „Heilige Land“ wurde Helmfried sein Freund und Lehrmeister. Dieser wurde jedoch wie die anderen Kreuzritter enthauptet.

Konrad von Stauffen: „»Einer wie du sollte froh sein, dass ihm vor Gott und den Menschen ein Platz in der Welt eingeräumt wurde, ein ehrenvoller Platz« [...] »Du kannst mir nicht den Vorwurf machen, dass ich bei deiner Erziehung etwas versäumt hätte.«“ (S. 150/22 – 27)

Themen: Identität und Krise des Tempelritters

Kapitel 12 (S. 154 – 166) | Erzähler: Al-Hafi

„Die Macht befiehlt, die Ohnmacht gehorcht, so ist die Welt eingerichtet." (S. 154/17 – 18)
„Die Welt besteht aus vierundsechzig Feldern [...], und das Schicksal spielt Schach mit uns." (S. 154/21 – 23)

Ort, Zeit	Gegenwartshandlung
Palast des Sultans, Rosengarten	In den Abendstunden holt al-Hafi Nathan in den Palast des Sultans. Auf dem Weg eröffnet er seinem Freund, dass Saladin von ihm Geld leihen möchte, was dieser erwartet hat. Doch al-Hafi befürchtet, dass Saladin ihn wohl auspressen werde, bis er nichts mehr habe. Zur Überraschung der beiden will Saladin von Nathan wissen, welche der drei Religionen die richtige, die wahre sei – eine Falle. Al-Hafi ist bestürzt, er erkennt die Falle des Sultans. Nathan antwortet nach kurzer Bedenkzeit mit dem Gleichnis von den drei Ringen. Das Gleichnis veranschaulicht, dass alle drei Religionen eigenständig sind, aber gleichen Rang und Wert besitzen. Die Träger der drei Ringe sollen die Echtheit ihrer jeweiligen Ringe durch Sanftmut, Verträglichkeit und gottgefälligen Werken unter Beweis stellen, bis ein weiserer Richter in tausend Jahren ein Urteil darüber fälle, wer den echten Ring getragen habe. Saladin ist so gerührt, dass er Nathan die Freundschaft anträgt. Von Geld ist nicht mehr die Rede, bis Nathan dieses selbst anbietet, aus Dankbarkeit, weil Saladin durch die Schonung des Tempelritters die Rettung seiner Tochter aus dem Feuer ermöglicht habe.

Nathan: „»Ich habe einen Traum, dass sich eines Tages die Menschheit erheben und die wahre Bedeutung ihres Glaubensbekenntnisses ausleben wird. Ich habe einen Traum, dass eines Tages die Söhne von Juden, Muslimen und Christen miteinander am Tisch der Brüderlichkeit sitzen können. Ich habe einen Traum, dass sich selbst diese Stadt eines Tages in eine Oase der Freiheit und Gerechtigkeit verwandeln wird.«" (S. 166/6 – 13)

Themen: Der wahre Glaube, Vernunft und Einsicht

Kapitel 13 (S. 167 – 176) | Erzählerin: Daja

„Das Böse nagte an meiner Galle und meiner Leber und weckte Gedanken in mir, von denen ich nicht wusste, dass ich sie in mir trug." (S. 167/11 – 13)
„Ich hatte geglaubt, in den letzten vierzehn Jahren eine andere geworden zu sein." (S. 167/15 – 17)

Ort, Zeit	Gegenwartshandlung	Rückwendungen
Nathans Haus; unter einem Maulbeerbaum	Daja ist aufgewühlt und völlig durcheinander. Sie kann ihr Handeln, ihren Verrat gegenüber Nathan und gegenüber Recha nicht verstehen. Sie hat aus Heimweh gehandelt, und sie sieht dabei die düsteren Vorhaltungen ihrer ungeliebten Großmutter bestätigt, dass der Teufel nach ihr kralle. Daja hat die Vorstellung, mit Recha und dem Tempelritter in die Heimat zurückzukehren. Sie ist sich ihrer bösen Worte, ihres Verrats an Nathan und an Recha bewusst, und weiß, dass ihre Worte schlimme Folgen haben werden.	Daja erinnert sich, wie es zum Verrat an Nathan kam: Sie geht mit Zipora auf den Markt, ein Ort, den Daja überschwänglich liebt. Auf dem Heimweg begegnet ihr der Tempelritter, der eine Pilgergruppe anführt. Da muss, wie sie selbst glaubt, ein böser Geist in sie gefahren sein. Sie bittet den Tempelritter, sie abends zu treffen. Bei diesem Treffen deutet sie dem Tempelritter an, dass Recha eine Christin ist und nicht Nathans Tochter.

Recha, nach ihrem Verrat: „Worte, die einmal ausgesprochen sind, lassen sich nicht mehr zurücknehmen. Sogar böse Gedanken, die man gedacht hat, lassen sich nicht ungedacht machen. Sie bleiben in deinem Kopf und lauern nur auf eine günstige Gelegenheit, um auszubrechen und Unheil anzurichten." (S. 175/7 – 11)

Themen: Frei nach Goethe: „Das ist der Fluch der bösen Tat ..." oder anders ausgedrückt: Der Mensch handelt immer wieder gegen jegliche Vernunft.

Kapitel 14 (S. 176– 190)	Erzähler: Der Tempelritter

„Meine Gedanken schlugen Haken wie ein Hase auf der Flucht vor dem Jäger, [...].“ (S. 176/9–10)

Ort, Zeit	Gegenwartshandlung
Jerusalem, Hospiz des Johanniter-ordens; Haus des Patriarchen	Der Templer ist nach seiner Begegnung mit Daja noch mehr Spielball seiner Gefühle als er es ohnehin schon war. Am folgenden Tag sucht er den Patriarchen auf. Dieser reagiert zunächst ungehalten, als der Tempelritter noch einmal bekräftigt, dass er den Mann, der ihm das Leben geschenkt habe, nicht hintergehen und verraten könne. Dann will der Templer wissen, ob ein Christenmädchen, das von einem Juden als Jüdin erzogen worden ist, immer noch Christin wäre. Der Patriarch will den Namen des Juden wissen und sagt, dass dieser den Scheiterhaufen verdient habe, auch wenn dieser durch seine Tat dem Kind das Leben erhalten habe. Der Templer behält Nathans Name bei sich, bereut aber, dass er den Patriarchen um Rat gefragt hat und befürchtet das Schlimmste.
Helmfried zum Tempelritter: „»So ist es mit allem irdischen Glück, mein Sohn, du hechelst ihm hinterher und kannst es nie wirklich greifen. Drum hüte dich vor falschen Begierden und strebe nur nach der ewigen Seligkeit, die dir dein Gott im Himmel versprochen hat.«“ (S. 180/6–10) **Themen:** Suche nach dem Glück; Verwirrung des Tempelritters und die Folgen; Hass des Patriarchen gegenüber Muslimen und Juden	

Kapitel 15 (S. 191 – 202)	Erzähler: Geschem

„Auf ihrem Gesicht lag eine solche Innigkeit, dass ich den Blick abwandte, weil ich auf einmal das Gefühl hatte, etwas Verbotenes gesehen zu haben.“ (S. 192/5 –7)

Ort, Zeit	Gegenwartshandlung	Rückwendungen
Weg nach Jericho; Jericho	Nathan unternimmt mit Elijahu, Recha und Jakob eine Reise nach Jericho. Geschem darf mitreisen, weil er sich im Balsamhandel gut entwickelt, Daja will zu Hause bleiben. Als Geschem auf die Frage nach seinem Namen mit seinem arabischen „Geschem Ibn Ibrahim“ antwortet, wird er gefragt, was er als Muslim im Hause eines Juden verloren habe. Geschem macht sich erneut Gedanken über seine Identität, weil er seinen Namen sowohl hebräisch als auch arabisch führt. Zudem fühlt er sich wie ein Verräter, weil er seinen arabischen Namen benutzt hatte. Zwei Namen zu haben, empfindet er fast so schlimm, wie keinen zu haben. Bei der erneuten Frage nach seinem Namen antwortet er dieses Mal mit „Geschem Ben Abraham“. In Jericho begegnet er einem muslimischen Jungen, der ihm die Balsampflanzungen zeigt und ihn voller Stolz durch Jericho führt. Als der Junge in eine Moschee zum Beten geht, bleibt Geschem draußen. Am liebsten hätte er geweint. Ihm wird klar, dass er zu Nathan und dessen Familie und zum Judentum gehört. Er behält fortan nur noch seinen jüdischen Namen, Geschem Ben Abraham.	Geschem kommt immer wieder ein bedrohlicher Traum in den Sinn, in dem ihn Elijahu aus einem brennenden Haus rettet und in Nathans Haus bringt
Geschem über Elijahu: „Und als er sich neben mich setzte und meine Hand nahm, wusste ich, wohin ich gehörte. Ich hatte mich entschieden. Alles andere war egal.“ (S. 202/ 17–20) **Themen:** Geschems Erlebnisse und Erfahrungen; Identität – Wohin gehöre ich?		

Kapitel 16 (S. 203 – 217) — Erzählerin: Recha

„Sie trafen mich unerwartet. Fünf Worte, die von einem Moment zum anderen mein Leben veränderten. Fünf Worte, die mir zeigten, dass nicht nur der Mensch zerbrechlich ist, sondern auch seine Welt." (S. 203/9 – 12)

Ort, Zeit	Gegenwartshandlung	Rückwendungen
Nathans Haus, Kidrontal; Straßen Jerusalems	Recha ist im Kidrontal, wo sie versucht, ihrer Verwirrung Herr zu werden. Daja hat ihr mitgeteilt, dass Nathan nicht ihr Vater ist und ihre Mutter war wahrscheinlich eine Christin. Daja bereut ihre Worte und ihre Undankbarkeit Nathan gegenüber. Sie hatte sich erhofft, wenn der Tempelritter Recha heirate, könnte sie mit ihnen gemeinsam in die Heimat zurückkehren. Recha ist völlig verunsichert, Nathans Haus empfindet sie nicht mehr als ihre Heimat. Sie fragt sich auch, ob sie nun keine Jüdin mehr sei. Sie erinnert sich an ihre glückliche Kinderzeit und meint, die Worte ihrer Freundin Lea zu hören, Glück erkenne man immer erst im Nachhinein. Sie denkt sogar voller Zorn an den Tempelritter, da seinetwegen Daja das Geheimnis verriet und meinte, er wolle sie nur als Christin. Recha beschließt schließlich, mit Nathan zu sprechen und macht sich wieder auf den Heimweg. Einem bettelnden Kind gibt sie mehrere Münzen, weil sie erkennt, dass ihr dieses Schicksal möglicherweise auch beschieden gewesen wäre, hätte Nathan sie nicht aufgenommen. Nathan unterstützt viele Waisen, Witwen und Arme, unabhängig von Herkunft und Religion. Vor Nathans Haus trifft sie Geschem. Dieser vermittelt ihr schließlich, was es bedeutet, als Niemand ohne Eltern leben zu müssen, zu niemandem dazuzugehören. Das habe sich alles geändert durch Nathan, der ihm auch einen Namen gegeben habe. Recha wird bewusst, dass auch sie den Jungen nun erst wahrnimmt und mit ihm über sein Schicksal spricht, seit er einen Namen hat. Sie fühlt sich angesichts der Zuversicht Geschems auch nicht mehr allein, sie weiß jetzt, wohin sie gehört. Sie möchte mit Nathan reden und ihn fragen, wie es mit ihr weitergehe.	Daja gesteht Recha, den Templer in dieses Geheimnis eingeweiht zu haben und begründet ihr Handeln damit, dass er sie liebe, und sie, Recha, liebe ihn doch auch – und als Christin könne sie ihn heiraten. Nathan bekam Recha von einem Klosterbruder, dem die sterbende Mutter, eine Fremde von jenseits des Meeres, das Kind übergeben hatte, mit Bitte, es zu Nathan zu bringen.

Recha: „Niemand konnte mehr so tun, als wäre nichts geschehen. Ich nicht, mein Tempelritter nicht, Daja nicht und auch er nicht, Nathan, den sie hier in Jerusalem den Weisen nennen." (S. 217/21 – 23)
Geschem zu Recha: „»Ein Mensch, der nirgendwo dazugehört, ist wie ein abgerissenes Blatt im Wind«" (S. 215/5 – 6)

Themen: Liebe abhängig von der Religion? / Zugehörigkeit und Identität / Einen Namen und eine Herkunft haben / Religion – Liebe zu Gott und zu den Menschen und die Dankbarkeit für das Leben

Kapitel 17 (S. 218 – 229) — Erzähler: Elijahu

„Wer kennt schon die verschlungenen Wege des Schicksals, wer merkt rechtzeitig, dass er ins Labyrinth des Unheils gerät, wenn er seinen Schritt nach rechts oder nach links lenkt?" (S. 218/23 – 26)

Ort, Zeit	Gegenwartshandlung
Palast; Straßen von Jerusalem März 1193	Nach ihrer Rückkehr von der Reise nach Jericho zeigen Nathan und Elijahu dem Sultan und Sittah, was sie Schönes erworben haben. Der Tempelritter ist im Palast des Sultans anwesend, prächtig mit Gewand und Turban gekleidet. Er nennt sich nun Leu von Filnek. Viele, auch Sultan Saladin, glauben, dass er der Sohn Assads sei, ein Sohn des verschollenen älteren Bruder Saladins. Saladin ist es egal, ob er sich als Christ oder als Muslim empfindet. Abu Hassan, der Hauptmann, beobachtet die Szenerie und Nathan sorgfältig, sodass er bemerkt, wie Nathan das Geld des Sultans einsteckt. Elijahu seinerseits sieht besorgt, wie Abu Hassan einem Krieger mit langem Schwert und silberner Scheide etwas zuraunt und sich dieser dann entfernt. Auf dem Nachhauseweg teilt Elijahu Nathan mit, die Köchin Zipora zu heiraten, was Nathan freut. Sie werden von vier oder fünf vermummten Gestalten überfallen, Nathan wird getötet und Elijahu schwer verletzt. Das Geld wird geraubt. Elijahu kann die Angreifer nicht erkennen.

Elijahu: „Ein großer Mann war gegangen, groß an Weisheit und Güte, ein großer Sohn Israels, [...]" (S. 228/29 – 30)

Themen: Tod Nathans; Schmerz und Hilflosigkeit

Kapitel 18 (S. 230 – 248)	Erzählerin: Recha

„Es war das Kind, das weinte, das verlassene Kind, das vaterlose Kind." (S. 231/12 – 13)
„Jakobs versteinertes Gesicht, als er das Kaddisch sprach, denn mein Vater hatte keinen Sohn, keiner seiner sieben Söhne war am Leben geblieben." (S. 231/27 – 30)

Ort, Zeit	Gegenwartshandlung	
Nathans Haus	Recha trauert um ihren Vater und fühlt sich als ein verlassenes Kind. Als der Templer, der sich inzwischen Leu von Filnek nennt, erscheint, weist dieser die Schuld am Tod Nathans den Christen zu und spricht von Rache, auch am christlichen Patriarch. Andere im Haus schließen nicht aus, dass es auch Räuber gewesen sein könnten. Recha will nichts von Rache wissen, da ihr Vater nie von Rache, sondern vom Gott der Liebe gesprochen habe. Daraufhin erzählt al-Hafi Nathans Geschichte von den drei Ringen. Als Elijahu erwacht, behauptet er Recha gegenüber, dass der Hauptmann von Saladins Wache, dass Abu Hassan den Anschlag auf Nathan verübt habe. Doch tatsächlich erkannt habe er die Mörder nicht, er vermute es aufgrund seiner Beobachtungen bei der Stoffübergabe. Elijahu ist verzweifelt, weil er glaubt, er habe Nathan im Stich gelassen. Recha erzählt ihm, wie sehr Nathan ihn schätzte, weil dieser in seinen schlimmsten Stunden da war und ihn stärkte. Al-Hafi berichtet von der Bestürzung des Sultans und erklärt, dass dieser und Nathan befreundet waren. Recha erzählt ihm, wie gefasst Nathan von der Ermordung seiner Familie vor fast achtzehn Jahren erzählte, und dieser seine Rachsucht überwunden habe. Diese Liebe und Barmherzigkeit wolle sie weitergeben und dafür sorgen, dass ihr Vater in seinen Kindeskindern weiterlebe. Deshalb werde sie ihren ersten Sohn Nathan nennen. Der Templer kündigt seinen Besuch an und erzählt von seinem Gang zum Patriarchen, bei dem dieser den Tod Nathans verlangt habe. Er fühlt sich daher schuldig am Tod Nathans. Wie sie sei er ein verlassenes, verlorenes Kind. Recha widerspricht, sie sieht sich nicht so, sie hatte einen Vater, der sie liebte. Leu von Filnek floh von seinem Onkel und fand als Tempelritter in Saladin seinen wirklichen Onkel. Dieser behält ihn, weil er in ihm seinen toten Bruder wiedererkennt. Recha hat ihre durch Daja ausgelöste Identitätskrise überwunden. Sie weiß nun zu schätzen, was ihr Nathan alles gegeben hat und teilt dies dem Templer mit. Sie weiß nicht, was ihr die Zukunft bringen wird und will sich auch nicht festlegen. Aber sie weiß, dass sie mit der Liebe und Toleranz Nathans den Menschen begegnen will. Sie betritt ihr Haus, wo alle auf sie mit dem Abendessen warten.	Recha erinnert sich an ihr behütetes Leben in Nathans Haus und an ihr letztes Gespräch, durch das Nathan wieder zu ihrem Vater geworden war. Dabei hatte ihr Nathan vom Verlust seiner Familie erzählt und dass er Recha den Namen gegeben hatte, den seine ermordete Frau einer Tochter gegeben hätte, die sie sich so gewünscht hatte. Die Liebe, so Nathan, sei ein starkes Band, und sie seine Tochter.

Al-Hafi: „»Und ich sage euch: Diese Geschichte wird bleiben, auch wenn wir und unsere Kinder und Kindeskinder Nathan schon längst in die andere Welt gefolgt sind. Noch nach vielen Generationen wird man sie erzählen und sich dankbar an Nathan erinnern, den man zu Recht den Weisen genannt hat.«" (S. 237/12 – 17)
Nathan zu Recha: „»Wer du wirklich bist, kannst nur du herausfinden. «" (S. 246/5 – 6)

Themen: Recha die Bewahrerin von Nathans Gedankengut; Zurückweisung von Recha; offene Zukunft

Zeitliche Einordnung der historischen Geschehnisse, der Geschehnisse um die Romanfiguren und der Gegenwartshandlung des Romans (siehe auch: ‚Die Kreuzzüge', SH 33 – 34)

	Gegenwärtige Handlung	Hintergründe der Romanfiguren	Geschichtliche Hintergründe
1095 – 1100			**1095** Papst Urban II ruft in Clermont zum Kreuzzug auf: Erster Kreuzzug 1095 – 1099 **1099** Eroberung Jerusalems; Massaker der Kreuzritter an allen Bewohnern; Gründung des Königreichs Jerusalem und der Kreuzfahrerstaaten **Zweiter Kreuzzug:** 1147 – 1149, Ziel: Damaskus, Entlastung der Kreuzfahrerstaaten
1174		• Elijahu kommt in Nathans Dienste • Recha wird geboren • Nathans Frau, seine sieben Söhne und sein Bruder werden von Christen ermordet • Sieben Tage später nimmt Nathan Recha als seine Tochter in seinem Haus auf • Dajas Kreuzzug-Weg von Deutschland nach Jerusalem endet in einer Katastrophe	**1177** Saladins Aufstieg
1178		• Nathan nimmt Daja als Rechas Kindermädchen auf	
1187			**4. Juli 1187 Niederlage der Kreuzfahrer** – Hinrichtung der gefangenen Ordensritter **Rückeroberung Jerusalems** durch Saladin am **2. Oktober 1187**; fast alle Kreuzritterburgen werden eingenommen; milde Behandlung der Christen; Lösegelder
1188		• Saladins Schwester Sittah kommt nach dem Tod ihres Gemahls an Saladins Hof	
1189/90		• Elijahu findet Geschem im Winter auf der Straße und bringt ihn in Nathans Haus	Ab **1189 Dritter Kreuzzug** unter Beteiligung König Richard I, Löwenherz, Ziel: Rückeroberung Jerusalems
1191			Saladin muss im **Juli 1191** die **Kreuzfahrerstadt Akkon an die Christen** übergeben; **Ende August 1191** lässt **Richard 2 700 muslimische Gefangene hinrichten**
Sommer 1192	• Nathans Handelsreise nach Damaskus • Brand in Nathans Haus – Rettung Rechas durch den Tempelritter	• Der Tempelritter wird nach der Gefangennahme in Tebnin (Bint Jbeil) als Einziger von Saladin verschont • Nathans Freund al-Hafi wird Saladins Schatzmeister	Vorschlag eines Friedensabkommens von Richard Löwenherz nach einem Erfolg gegen Saladins Heer
1 Tag später	• Tempelritter soll Spion des Patriarchen gegen Saladin und die Muslime werden		**2. September 1192:** Saladin willigt ein; Richards Eroberungen von Küstenregionen Palästinas werden akzeptiert
die nächsten Tage und Wochen	• Tempelritter besucht Nathan, sie werden Freunde • Recha verliebt sich in den Tempelritter • Antwort von Richard Löwenherz auf Saladins Brief • Nathan bei Saladin – Gleichnis von den drei Ringen; sie werden Freunde • Daja verrät dem Tempelritter Rechas christliche Herkunft • Tempelritter beim Patriarch, um sein Keuschheitsgelübde zu lösen • Patriarch erfährt so, dass Recha Christin ist, trachtet Nathan nach dem Leben • Reise Nathans mit Geschem nach Jericho • Recha erfährt, dass Nathan nicht ihr Vater ist • Nathan kommt aus Hebron zurück • Saladin kauft Stoffe bei Nathan		Die Absicht der Christen, Jerusalem wieder einzunehmen, war gescheitert; christliche Pilger erhalten Zugang nach Jerusalem
März 1193	• Überfall auf Elijahu und Nathan nach dem Besuch im Palast – Ermordung Nathans • Sieben Trauertage • Recha führt Nathans Haus und Werk fort		Saladin stirbt am 3. März 1193

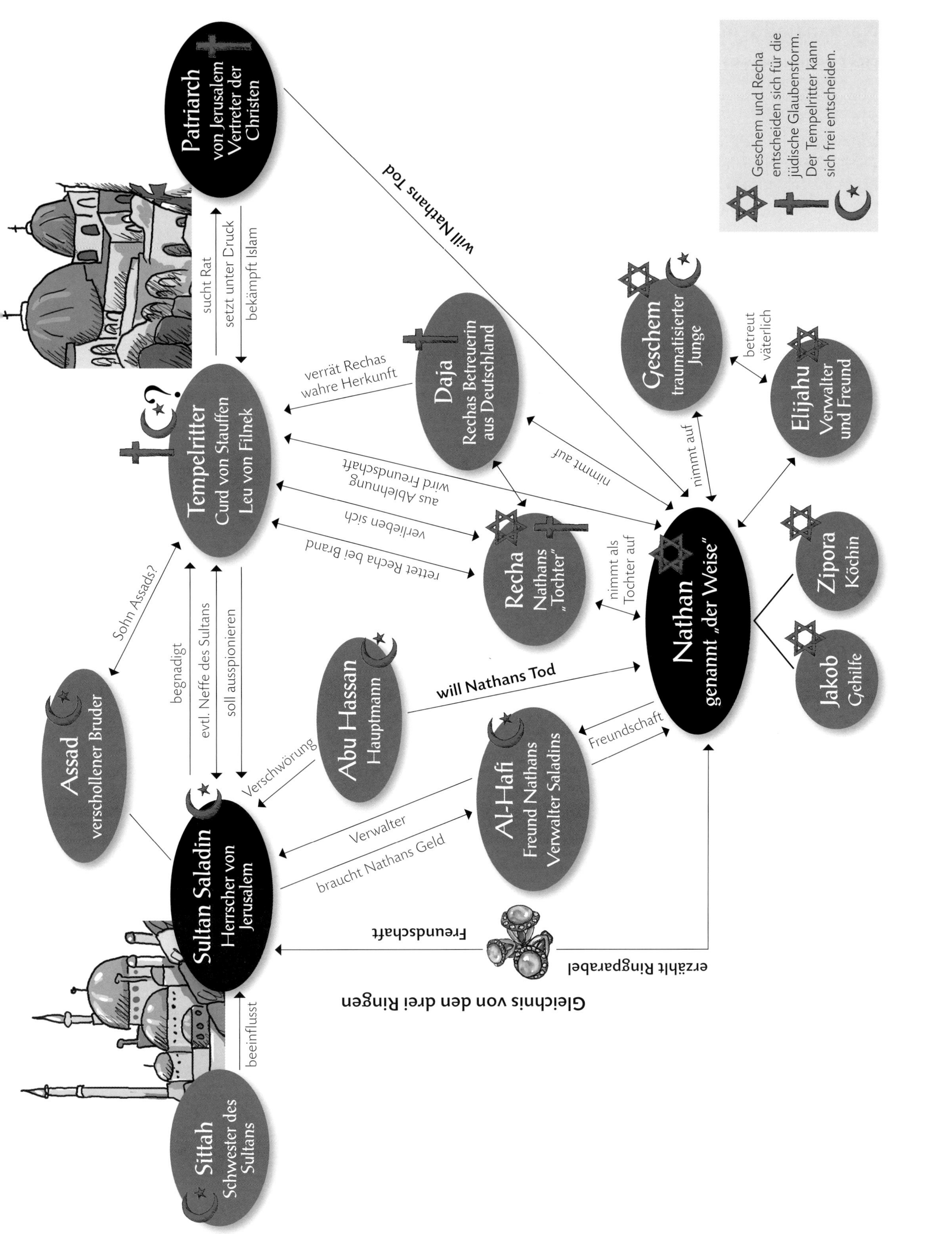
Patriarch
von Jerusalem
Vertreter der
Christen
will Nathans Tod
sucht Rat
setzt unter Druck
bekämpft Islam
Geschem und Recha entscheiden sich für die jüdische Glaubensform. Der Tempelritter kann sich frei entscheiden.
Tempelritter
Curd von Stauffen
Leu von Filnek
verrät Rechas wahre Herkunft
Daja
Rechas Betreuerin
aus Deutschland
Geschem
traumatisierter
Junge
betreut väterlich
Elijahu
Verwalter
und Freund
nimmt auf
nimmt auf
aus Ablehnung wird Freundschaft
verlieben sich
rettet Recha bei Brand
Recha
Nathans
„Tochter"
nimmt als Tochter auf
Nathan
genannt „der Weise"
Zipora
Köchin
Jakob
Gehilfe
Sohn Assads?
begnadigt
evtl. Neffe des Sultans
soll ausspionieren
Assad
verschollener Bruder
Abu Hassan
Hauptmann
will Nathans Tod
Verschwörung
Al-Hafi
Freund Nathans
Verwalter Saladins
Freundschaft
Verwalter
braucht Nathans Geld
Sultan Saladin
Herrscher von
Jerusalem
Freundschaft
erzählt Ringparabel
Gleichnis von den drei Ringen
beeinflusst
Sittah
Schwester des
Sultans

Nathan und seine Kinder – Lessings „Nathan der Weise" anders und neu erzählt

Die Erzählperspektive

Mirjam Pressler lässt jedes der 18 Kapitel aus der Perspektive einer Figur erzählen, über acht Figuren werden so aus verschiedene Perspektiven und Sichtweisen vorgestellt. Dadurch können auch deren Lebensgeschichte und die Kreuzzüge erinnernd und reflektierend eingebracht werden.
Die Titelfigur Nathan kommt nicht zu Wort, sie wird, ebenso wie Sultan Saladin und der Patriarch, aus der Fremdwahrnehmung verschiedener Figuren entwickelt und charakterisiert.
Die atmosphärische und sensible Wahrnehmung der Umgebung aus Sicht der Figuren beschreibt und veranschaulicht nicht nur die Szenerie und den Ort der Handlung, sie drücken auch deren wechselnde Stimmung und Befindlichkeit aus.

Figuren, Themen und Motive

Der Vergleich der Unterschiede zwischen Mirjam Presslers Roman „Nathan und seine Kinder" und in Gotthold Ephraim Lessings Drama „Nathan der Weise" (siehe Schülerheft Umschlag hinten) bringt interessante Einblicke:

Das Grundmotiv ist dasselbe: die Frage nach der richtigen Religion und die Ringparabel als Antwort Nathans. In beiden Werken stehen die Gleichwertigkeit der Religionen und dass deren Wert sich nur im Handeln der Menschen beweist, im Zentrum. Ebenso thematisiert werden die Liebe zwischen dem Tempelritter und Recha und Nathans Freundschaft mit dem Sultan.

Anders sind der Titel, einige Figuren und Handlungselemente sowie der Schluss:

- Bei Pressler wird Nathan ermordet.
- Bei Lessing stellt sich heraus, dass Recha und der Tempelritter Geschwister sind: Leu von Filnek – Blanda von Filnek.

Der christliche Tempelritter und die Pflegetochter eines Juden sind Neffe und Nichte eines muslimischen Herrschers. Mehr noch: Als Mitglieder ein und derselben Familie gehören sie drei verschiedenen Religionen an.

Bei Pressler kühlt sich die Liebe ab, der Religionskonflikt löst sich nicht in familiären Banden auf.

Mit der brutalen Ermordung und Beraubung Nathans eröffnet Pressler nicht nur die Frage nach den Tätern und deren Motiven, sie gibt dem Stück auch einen offenen Schluss:

- Wie werden die einzelnen Protagonisten ihr Leben weitergestalten?
- Wird sich Nathans Traum einer friedlichen Koexistenz der Religionen erfüllen?

Mit **Geschem** führt die Autorin eine zentrale neue Figur ein.
Elijahu findet den traumatisierten Jungen, dessen Herkunft unklar ist, und bringt ihn in Nathans Haus, wo er lange nur als „Junge" angesprochen wird.
Pressler bezeichnet Geschem als *ihre liebste Figur.* Warum? In Geschem werden verschiedene Themen zusammengeführt:

- Er ist traumatisiert, wie viele im Roman. Durch einen Brand wäre er beinahe ums Leben gekommen. Vor dem Tod in der Gosse bewahrte ihn Elijahu, der ihn in Nathans Haus brachte.
- Dort wählt er nach zweieinhalb Jahren, von Nathan angeregt, seinen Namen „Geschem" – „Regen" – und schließlich seine Zugehörigkeit zur Familie. Elijahu wird sein väterlicher Freund und Ausbilder.
- Schließlich entscheidet sich Geschem nach vielen Zweifeln selbst für seine Religion, für den jüdischen Glauben. Er findet zu sich und auch seine Identität.
- Als Vorbild regt er Recha an, als diese an Nathan zweifelt, über Nathans Vorbild und Menschlichkeit nachzudenken, und verhilft ihr zu Einsichten.

Ob Geschem durch Kriegshandlungen beinahe ums Leben kam, bleibt offen. Dennoch steht er wie Daja und der Tempelritter stellvertretend für die durch die Kreuzzüge verelendeten und gescheiterten Menschen aus verschiedenen Ländern, Religionen und Kulturen. Entwurzelt suchen diese nach ihrer Identität, wie ein „abgerissenes Blatt im Wind".

Daja ist wie bei Lessing die Erzieherin Rechas, aus ihrer Perspektive werden drei Kapitel (2, 7, 13) erzählt, was ihr ein besonderes Gewicht verleiht.
Nathan findet die vom Tod bedrohte Kreuzfahrerin auf der Straße und nimmt die Christin auf, um Recha aufzuziehen.
An ihrer Figur und an der Curd von Stauffens werden die Erlebnisse und Gefühle der Menschen sowie deren Motive, die Heimat in Deutschland zu verlassen und sich den Kreuzfahrern anzuschließen, erschlossen. Auch die geschichtlichen Hintergründe des Dritten Kreuzzugs werden in Rückblenden und Erinnerungen erzählend veranschaulicht.
Der christlichen Daja kommt die Rolle der Verräterin zu, da sie aus egoistischen Motiven und aus Heimweh, Rechas christliche Herkunft verrät und so den Tempelritter, Recha und Nathan in eine Krise stürzt. Sie ist geprägt durch einen

angstbesetzten Glauben, vermittelt durch ihre Großmutter, und die furchtbaren Erlebnisse aus dem Kreuzzug, sie will Recha vom Christentum überzeugen.

Elijahu, Freund und Verwalter Nathans, ist eine neue Figur. Er bringt durch seine Erinnerungen das Schicksal und Leben Nathans ein, der selbst nicht als Erzähler fungiert. Elijahu berichtet von der grauenhaften Ermordung von Nathans Familie in Gath. Alle sieben Söhne, Frau, Bruder und Knechte wurden von Christen verbrannt.
Er ist Jude und warnt Nathan davor, als Jude die Religionszugehörigkeit als unwichtig anzusehen, angesichts der Kriegssituation und des Religionskonflikts in Jerusalem. Er heiratet am Ende Zipora, die Köchin, und begründet so nach Nathans Tod die neue Familie im Hause Nathans mit, in die Geschem aufgenommen bleibt.

Aus **Rechas** Perspektive werden vier Kapitel erzählt (4, 8, 16, 18). Ein Klosterbruder hatte sie in Gath auf Wunsch der christlichen Mutter zu Nathan gebracht. Dieser zog sie als „von Gott geschickt" wie seine Tochter auf und verschweigt ihr ihre christliche Herkunft. Aus der Schwärmerin entwickelt sich eine erwachsene Frau. Sie will Nathans Werte weiterleben und möchte ihren ersten Sohn Nathan nennen. Sie weist auch die geforderte Rache nach Nathans Ermordung zurück.
Sie verlässt ihr unbekümmertes Leben. Aus der Schwärmerin, die an das Wunder glaubte, von einem Engel aus den Flammen gerettet worden zu sein, wird die reflektierende Frau, die Nathans Haltung versteht und übernimmt. Menschen müssen die guten Taten vollbringen, nicht Engel.
Sie erkennt, dass nicht die Geburt, der Stand, über die Religion entscheidet, sondern der Wille dazu, das Bekenntnis, das über „das Blut" hinausgeht.

Zipora, die Köchin, und **Jakob**, ein Knecht, sind ebenfalls neue Figuren im Hause Nathans. Nach seinem Tod bilden sie die neue Familie Rechas, Elijahu heiratet Zipora. Sie praktizieren gemeinsam den jüdischen Glauben Nathans in seinem Hause weiter.
Beide erzählen als Randfiguren nicht selbst.

Nathan, genannt „der Weise", wird immer nur von außen wiedergegeben – wie Sultan Saladin und auch der Patriarch von Jerusalem.
Der Leser erfährt so aus differenzierten Schilderungen, wodurch dieser sich zum Weisen entwickelte, worin sich dessen Weisheit zeigt und warum sein Verzicht auf Rache und Hass so wichtig ist.
Den Hass über seinen furchtbaren Verlust seiner Familie in Gath, 18 Jahre vor der Romanhandlung, überwindet Nathan, indem er Recha anstelle der Tochter annimmt, die seine ermordete Frau sich so sehr gewünscht hatte. Zu seinen Kindern zählt auch Geschem, den er erst nach vier Jahren richtig als Individuum wahrnimmt.
Alle Figuren werden durch ihn, durch seine Gedanken und vor allem durch seine gelebte Menschlichkeit und den Verzicht auf Rache beeinflusst.
Er überzeugt den gegen Juden eingenommenen Tempelritter von der Nächstenliebe. Er und Sultan Saladin werden zu seinen Freunden. Recha weist die Rachegedanken des Tempelritters und Elijahus zurück. Nathan lebt seine Worte, seine Forderung nach Vernunft und Liebe und damit seine Weisheit vor. Weise ist nicht der, der sich so nennt, sondern der, den andere so wahrnehmen und so würdigen. Sultan Saladin überzeugt er, indem er ihn fragt, ob er vielleicht der weise Richter sei, auf den man so lange warte.
Die Anspielung auf den Titel Lessings ist dabei unübersehbar.

Über den **Tempelritter** (Kapitel 5, 11, 14) erfahren wir viel über die Motive und den Verlauf des Dritten Kreuzzuges und die Opfer und Leiden, die dieser mit sich bringt. Der junge Curd von Stauffen, vaterlos und von seiner Mutter verlassen, wird als „Einer wie du" von seinem Onkel zu Hause erniedrigt, erhält dessen Namen und wird zum Ritter ausgebildet. Im Anschluss an die Kreuzfahrer sucht er Anerkennung und als Tempelritter seine neue Identität.
Das Heer wird aufgerieben, die Tempelritter, auch sein Mentor Helmfried, werden hingerichtet. Er wird von Sultan Saladin als Einziger der Gefangenen begnadigt, weil er in ihm einen Sohn seines verschollenen Lieblingsbruders Assad zu erkennen scheint. Diese ‚gute Tat' ermöglicht die zweite, die Rettung Rechas aus dem brennenden Haus Nathans durch ihn, und schließlich eine dritte, indem Saladin Freundschaft mit Nathan schließt.
Er verkörpert die Identitätssuche und ist damit eine Parallele zu Geschem. Am Ende erscheint er als prächtig gekleideter Prinz, als Sohn seiner christlichen Mutter und Assads, des Bruders von Saladin. Wie Geschem wählt er nun seinen Namen selbst, nennt sich fortan Leu von Filnek, und sucht seine neue Identität. Seine Zukunft ist offen, die Liebe Rechas abgekühlt. Als Erzähler bringt er den Patriarchen und dessen unchristliche Haltung mit ein. Er selbst wandelt sich und überwindet seine antisemitische Einstellung und Herabwürdigung der Muslime als ‚Heiden'.

Al-Hafi erhält bei Pressler viel Raum, er erzählt zwei Kapitel, Kapitel 6 und 12. Einerseits ist er der Beobachter, der Sultan Saladin charakterisiert und dessen Wesen und Macht kennt, andererseits ist er als Muslim der Freund des Juden Nathan

und derjenige, der darauf verweist, dass es ‚die Wahrheit' nicht gibt, sondern verschiedene Sichtweisen, und es wichtig sei, das ‚Gemeinsame' zu erkennen. Er bringt somit eine zentrale Forderung Lessings aus der Aufklärung ein.
Das Gemeinsame und Verbindende zwischen Nathan und ihm sind ihre Menschlichkeit und ihre Freundschaft. Glauben verpflichtet al-Hafi zur Barmherzigkeit und zum einfachen Leben ohne Macht- und Besitzstreben.
Im wahrsten Sinne des Wortes gerät er zwischen die ‚Fronten', zwischen seinen Freund Nathan und den Machtbereich des Sultans, als er in den Dienst des Sultans gestellt wird. Er nimmt das Leben als „Schachspiel" wahr, in dem der mächtige Saladin die Figuren benutzt.

Abu Hassan, der Hauptmann im Palast Saladins, verkörpert den fanatischen Juden- und Christenhasser. Er ist fanatisiert durch seine Familie, ein „Kämpfer für Allah". Obwohl von Saladin begünstigt, beteiligt er sich an einer Verschwörung gegen den Sultan, weil dieser – aus rein pragmatischen Gründen, einen Frieden mit den christlichen Kreuzfahrern anstrebt: Der Krieg ist nicht mehr finanzierbar und von keiner Seite zu gewinnen.
Abu Hassan bewertet das Judentum als „Unkraut", das sich ausbreitet. Primitiver Antisemitismus und Rassismus vereinigen sich mit fundamentalistischen islamistischen Gedanken. Andere Religionen bewertet er als dem Islam unterlegen und als nicht gleichwertig.
Er hasst Saladin, da dieser Christen und Juden in seinem Machtbereich leben lässt, er hasst ihn, da er bei der Rückeroberung Jerusalems keine Vergeltung an den Christen übte und die christlichen Einrichtungen verschonte.

Sultan Saladin wird indirekt über die Perspektive Abu Hassans, über al-Hafi und natürlich aus der Perspektive seiner schönen und Einfluss nehmenden Schwester Sittah eingebracht.
Nathan gewinnt durch die Erzählung von den drei gleichen Ringen die Freundschaft des Sultans, der ihn durch seine Frage nach dem richtigen Glauben eigentlich provozieren wollte.
Er ist der absolute Herrscher, der andere Menschen benutzt wie Schachfiguren. Er ist grausam und mildtätig zugleich, er tötet, lässt Kreuzritter grausam hinrichten, begnadigt jedoch einen Tempeltitter, in dem er einen Sohn seines verschollenen Bruders Assad zu erkennen glaubt. Als Sieger lässt er auch Milde und Gnade walten. Er fasziniert seine Umgebung, zieht seine Netze, und ist doch auch Gefangener in einem noch größeren ‚Netz': dem Krieg und dessen Zwängen.

Er erweist sich als Pragmatiker, als er Malek al-Inkitar (Richard Löwenherz) auf dessen Brief, in dem dieser Friedensverhandlungen anbietet, da der Krieg viele Opfer koste und das Land ruiniere, antwortet:

„»Die Heilige Stadt ist ebenso gut die unsere wie die eure. Sie ist für uns sogar noch wichtiger, denn zu ihr hat unser Prophet seine wunderbare nächtliche Reise unternommen und dort wird unsere Gemeinschaft am Tag des Jüngsten Gerichts versammelt sein. Es ist also ausgeschlossen, dass wir sie aufgeben.«" (S. 123/20–25)
Damit deutet er die Kompromissbereitschaft an, die zum historischen Friedensabkommen zwischen Saladin und Richard Löwenherz führte, in dem allen Religionen der Zugang zu ihren religiösen Stätten gesichert wurde.

Sittah ist das umfangreiche 9. Kapitel zugeordnet.
Sie zwingt al-Hafi, Nathan um Geld für den Sultan anzugehen, und provoziert die Frage des Sultans nach der wahren Religion, mit der Nathan unter Druck gesetzt wird. Trotz ihres Einflusses fühlt sie sich gefangen im Netz, das der Krieg um Christen und Muslime zieht und in dem sie für ein notwendiges Friedensabkommen mit einem Christen verheiratet werden und zum Christentum übertreten soll.
Im „Schachspiel" Saladins ist sie aber auch die „Dame", die aufgrund ihrer Zugmöglichkeiten den Bruder schützt, und die auch angreifen kann.
Sie möchte jedoch über sich selbst bestimmen und liebt Machmud.

Ein Klosterbruder:

In Presslers Roman wird er nur als Überbringer des Säuglings Recha erwähnt. Nathan verschweigt allen, bis auf Daja, dass eine Christin den Klosterbruder bat, ihr Kind zu Nathan zu bringen.
In Lessings Drama „Nathan der Weise" soll er im Auftrag des Patriarchen den Tempelherrn überzeugen, im Sultanspalast zu spionieren und sich an einem Anschlag auf Saladin zu beteiligen. Er freut sich über die Ablehnung des Tempelherrn, da er die Machenschaften des Patriarchen zutiefst ablehnt. Er warnt auch Nathan und übergibt ihm das Brevier (Familienbuch), durch das Nathan erst die Herkunft von Recha erfährt.

Dadurch fällt der ‚positive Christ' weg, Presslers **Patriarch von Jerusalem** zeigt sich als dekadenter Machtmensch, der selbst den an sich zweifelnden Tempelritter missbraucht, um Saladin und die Muslime auszuspionieren. Er zeigt sich als Judenhasser, der fordert, den Juden (Nathan) zu verbrennen, der eine Christin (Recha) als Jüdin aufzieht.
Er unterstützt, obwohl längst ohne Macht, und trotz der vielen Opfer, den Krieg als Mittel „um unserem Gott zum Sieg über die Heiden" zu verhelfen.

Welcher ist der richtige Glaube?

Der Religionskonflikt wird von Mirjam Pressler auch als Machtkonflikt geschildert. Die Motive des Papstes widersprechen christlichen Geboten und dienen der Machtentfaltung. Die Kreuzfahrer, ob niederer Adel, Ritter oder einfache Leute, hoffen auf eine neue Existenz, auf Bewährung und auf materiellen Lohn – neben religiösen Antrieben, zu denen auch die Hoffnung auf einen Sündenerlass zählt.
Diese Darstellung ist sicher ein Resultat der intensiven Auseinandersetzung der Autorin mit der Geschichte der Kreuzzüge. (vgl. Interviewauszüge im Schülerheft, S. 54 f.)

Der Religionskonflikt spiegelt sich in den Figuren wider. Saladin verkörpert den Sultan, der sein Reich und seinen Glauben schützen muss, als Herrscher ist er Pragmatiker, der erkennt, dass der Krieg nicht zu gewinnen ist. Er duldet gegen Abgaben Juden und Christen in seinem Machtbereich, bei der Eroberung Jerusalems lässt er ihre heiligen Stätten nicht zerstören. Er nimmt nicht immer Rache und gewährt auch Gnade und Milde.
Ob sein wiedergefundener Neffe in Person des Tempelritters zum Islam konvertiert, ist ihm gleichgültig. Für ihn zählen der Mensch und die Liebe zu ihm und zu seinem Bruder Assad, wenigstens in diesem einen Fall. Dies ist eine Folge der Freundschaft mit Nathan, dessen Familie er zukünftig schützen möchte.
Nathans Gleichnis von den drei Ringen und dessen geschickte Frage, ob er, der Sultan, vielleicht „der erwartete weise Richter" sei, bewirken diesen Wandel. Er erreicht das offene Herz, das sich Saladin seit seiner Kindheit bewahrt hat, und überzeugt ihn davon, dass gute Taten weitere gute Taten nach sich ziehen. Der Muslim und der Jude, dessen Reichtum er ausbeuten wollte, werden Freunde.
Der Patriarch und Abu Hassan bilden ein fanatisiertes Paar, das den Krieg über die Gebote der Nächstenliebe und der Friedfertigkeit setzt und die Unterdrückung „Andersgläubiger" fordert. Ob Christ oder Muslim, andere Religionen sehen sie ihrer eigenen als unterlegen an. Daher dürfen, ja müssen diese unterdrückt werden.

Bei *Lessing* stellt sich am Schluss heraus, dass sowohl Recha als auch der Tempelherr Geschwister sind: Leu von Filnek – Blanda von Filnek.
Die Mutter, eine Schwester Conrad von Stauffens, hatte in Palästina Assad; Wolf von Filnek, geheiratet. So erfährt auch Saladin, dessen Bruder Assad vor vielen Jahren verschollen ist, dass dieser der Vater von Leu und Blanda ist. Der christliche Tempelherr und die Pflegetochter eines Juden sind Neffe und Nichte eines muslimischen Herrschers. Mehr noch: Als Mitglieder ein und derselben Familie gehören sie drei verschiedenen Religionen an.

Bei Mirjam Pressler entscheiden sich Geschem und Recha, unabhängig von ihrer Herkunft, für den jüdischen Glauben, der Tempelritter ist sich seiner Zugehörigkeit unsicher; Saladin ist es egal, ob dieser nun Muslim oder Christ ist. Die Liebe zu Recha ist abgekühlt, Recha zieht sich von ihm zurück.

Nathan widerlegt durch die Geschichte von den drei gleichen Ringen Saladins Behauptung: „»[...] die drei Religionen unterscheiden sich sehr deutlich voneinander, vom Gottesdienst bis hin zu den Speisegesetzen.«" (S. 161/27–30). Somit sei es wichtig, herauszufinden, welches die wahre Religion sei.
Nathan lebt seine Forderung der Vernunft: „»[...] das höchste Ziel der Menschen muss die Vernunft sein. Vernunft und die Liebe zu anderen Menschen.«" (S. 48/12–14)

Das Hörbuch „Nathan und seine Kinder"

© 2010 Goya libre aus dem Hause JUMBO Neue Medien & Verlag GmbH, Hamburg.
Das Hörbuch (4 CDs) kann über unseren Verlag bezogen werden.
Bestell-Nr.: Hörbuch Nathan

Das Hörbuch „Nathan und seine Kinder" wird von acht Schauspielern aus den verschiedenen Figurenperspektiven gesprochen.
Jeweils ein Sprecher verkörpert eine Romanfigur und trägt entsprechend deren Kapitel vor. Es setzt den Text vollständig um und unterstützt das Textverständnis der Hörer. Es empfiehlt sich, einzelne Passagen vorzuspielen, um wichtige Ereignisse nachzuvollziehen oder hörend zu rekapitulieren.

- Es eignet sich, um lange Erinnerungspassagen der Figuren (Dajas Kreuzzug nach Jerusalem; der junge Tempelritter in Gunzenhausen, sein Weg mit seinem Vorbild Helmfried u. a.) entspannt und genießend aufzunehmen.
- Dramatische Passagen, die beim Lesen vielleicht nicht so wahrgenommen werden, etwa Nathans furchtbare Erinnerung an die Ermordung seiner Familie in Gath (CD 1, Spur 10), werden durch die anschaulich dramatische Gestaltung intensiver erfasst.
- Auch die atmosphärischen Schilderungen und Wahrnehmungen der Figuren lassen sich hörend leichter aufnehmen.
- In einigen Sequenzen entsteht durch die Stimmmodulation ein Hörspielcharakter, so im al-Hafi-Kapitel, in dem sich dieser mit Nathan über Saladin austauscht (CD 2, Spur 5).

Gemeinsames Lesen, Vorlesen – Anregungen

Hörbücher werden von professionellen Sprechern, oft Schauspielern, gesprochen. Wir sollten die Vorteile des Miteinanderlesens und Vorlesens pflegen, und den Mut haben, auch selbst vorzulesen.
Die akustische Wahrnehmung, die über den Text hinausgehende Wahrnehmung der Modellierung der Stimme, des Tonfalls, Rhythmus' und der Intensität des Vortrags schaffen Atmosphäre und intensivieren die Rezeption.
Ob dies Ihr Beitrag ist, der einer Schülerin oder eines Schülers, ob dies im Plenum erfolgt oder in kleinen Gruppen, immer ist es ein Gewinn, wenn einige Erfahrungen berücksichtigt werden:

- Die Passage muss gut vorbereitet sein.
- Vorlesen ist immer eine freiwillige Aktivität.
- In kleinen Gruppen trauen sich auch Schüchterne.
- Auch über still gelesene Passagen lässt es sich in kleineren Gruppen entspannt austauschen, Verstehensprobleme können im Gespräch überwunden werden.

Was eignet sich besonders als Vorlesesequenz?

- Der dramatische Beginn des Romans: „[…] denn ich wurde von Schreien geweckt." (S. 9)
- Traumpassagen Rechas
- Atmosphärische Sequenzen, in denen die Stadt, der Markt, die Natur wahrgenommen werden – und die die Befindlichkeit der Figur widerspiegeln
- Das „Schachspiel" zwischen Nathan und dem Sultan, es könnte als kleines Hörspiel mit verteilten Rollen, Nathan, Saladin, Erzähler und Kommentator al-Hafi vorbereitet und vorgetragen werden
- Zwei oder drei Erzählpassagen, die eine Entwicklung einer Figur verdeutlichen
- Passagen, bei denen Verstehensprobleme auftreten
- ‚Lieblingspassagen', vorgestellt von Schülerinnen und Schülern
- ‚Das verstehe ich nicht' – die vorgelesene Passage wird gemeinsam entschlüsselt
- Der offene Schluss

Das Lesesymbol im Lehrerheft weist auf Leseempfehlungen hin.

Der Unterricht

Der Roman umfasst 248 Seiten und ist in 18 Kapitel untergliedert, die keine thematische Kapitelüberschrift, sondern den Namen der jeweils erzählenden Figur tragen. Die gegenwärtige Romanhandlung ist auf circa neun Monate begrenzt. Mithilfe der speziellen Erzähltechnik, die die Figuren aus eigener Perspektive sowohl auf die gegenwärtige Handlung als auch auf ihre eigene Vergangenheit zurückblicken lässt, entstehen verschiedene Handlungsstränge, die hauptsächlich an die jeweiligen Figuren gekoppelt sind. Durch diese durchaus komplexe Handlungs- und Erzählstruktur wird der Leser in unterschiedliche Zeitebenen eingeführt, die sich aber nicht als Rahmen- bzw. Binnenhandlung gestalten. Das erschwert den Verständnisprozess, zumal eine Vielzahl von Details auf Parallelen zwischen den Figuren hinführen.

Der Roman sollte nicht kapitelweise erschlossen werden. Dem widerspricht auch, dass Entwicklungslinien in Handlung, Themen und Figurenkonstellation nur kapitelübergreifend erkennbar sind.
Wir schlagen vor, die ersten drei Kapitel gemeinsam und fortlaufend im Unterricht zu lesen und zu erschließen, da in ihnen wesentliche Themen und Konflikte des Romans angelegt werden.

Im Anschluss lesen die Schüler in Eigenregie den Roman zu Ende. Während ihrer Lektüre werden sie selbstständig Kapitelübersichten anlegen und, geleitet durch das Schülerheft, Inhalte sichern sowie erste Spuren für die Themen und Motive des Romans festhalten. Im Zentrum hierbei steht das Zusammenstellen von Informationen nach vorgegebenen inhaltlichen Schwerpunkten. Dennoch haben die Schüler auch hier schon die Möglichkeit, eigene Schlussfolgerungen zu ziehen, Fragen zu formulieren wie auch Schreibaufgaben als Erschließungswerkzeug zu erkennen und zu nutzen. Diese eigenständigen Vorarbeiten dienen im Anschluss der Unterstützung des vertiefenden Erschließungsprozesses.

Dem Erstlesedurchgang schließt sich eine thematische Schwerpunkterarbeitung an, die sich an den Beziehungen und Entwicklungen der Figuren orientiert. Dazu werden Textstellen und Erzählpassagen noch einmal gelesen und unter einem bestimmten Gesichtspunkt ausgewertet und erschlossen. Der Umfang solcher ‚Zweitlesevorgänge' (immer fokussiert durch gezielte Textstellenvorgaben) hält sich in Grenzen, sodass nicht die Gefahr der ‚Ermüdung' besteht.

Erarbeitungsphasen der Lektüre

Phase	Inhalt und Vorgehensweise
I	Gemeinsame Erarbeitung der Kapitel 1 bis 3 im Unterricht
II	Häusliche Erstlektüre des gesamten Romans in ca. 2 Wochen, Leseaufträge – Inhaltssicherung und Motive
III	Vertiefende Erschließung der Themen und Figuren im Unterricht
IV	Übergreifende Schreibanlässe
V	Transfer und Aktualität

Aufbau des Romans

Die 18 Kapitel lassen sich aufgrund des Handlungsverlaufs und ihrer Komposition in fünf Blöcke einteilen:

Kapitel	Inhalt	Erzählperspektive
1 – 3	**Exposition:** Brand in Nathans Haus; Recha wird von einem Tempelritter gerettet; Geschem erhält einen Namen und wird somit zum Familienmitglied im Hause Nathans. Nathans Geschichte und sein Wandel von Hass zu Liebe und Vernunft wird berichtet.	Kap. 1: Geschem (S. 9 – 23) Kap. 2: Daja (S. 24 – 40) Kap. 3: Elijahu (S. 41 – 54)
4 – 10	**Alle Figuren, aus deren Perspektive Kapitel verfasst sind, kommen mindestens einmal zu Wort. Die Themen und Konflikte werden gestaltet:** Recha verliebt sich in den Tempelritter; er wurde von Saladin begnadigt und soll nun gegen diesen im Auftrag des Patriarchen spionieren; Nathan und der Tempelritter werden Freunde; Sittah fordert von al-Hafi, Nathan um Geld für Saladin zu bitten; Abu Hassan tritt als religiöser Fanatiker ins Bild. Gefahr für Nathan deutet sich an: Er gerät in den Strudel, den Machtbereich des Sultans.	Kap. 4: Recha (S. 55 – 66) Kap. 5: Tempelritter (S. 67 – 85) Kap. 6: Al-Hafi (S. 86 – 98) Kap. 7: Daja (S. 99 – 108) Kap. 8: Recha (S. 109 – 119) Kap. 9: Sittah (S. 120 – 135) Kap. 10: Abu Hassan (S. 136 – 143)
11 – 12	**Das Gleichnis von den drei gleichen Ringen:** Frage nach dem ‚richtigen Glauben' wird gestellt und von Nathan mithilfe eines Gleichnisses verdeutlicht, aber nicht beantwortet; Religionen verbinden sich – Saladin wird Nathans Freund; die Gefahr scheint abgewendet	Kap. 11: Tempelritter (S. 144 – 153) Kap. 12: Al-Hafi (S. 154 – 166)

Kapitel	Inhalt	Erzählperspektive
13 – 16	**Verrat und Wahrheit – Zuspitzung der Ereignisse:** • Daja verrät Nathan (gibt Rechas christliche Herkunft preis) • der Tempelritter verrät Nathan ungewollt an den Patriarchen • Gefahr für Nathan durch den Patriarchen (Judenhasser) • Nathan verschwieg Rechas christliche Herkunft, sie gerät so in eine Identitätskrise **Scheinbar lösen sich die Spannungen und Krisen auf (retardierende Kapitel):** • Geschem fühlt sich, als hätte er Nathan und Elijahu verraten; findet aber zu sich und zu seinem Glauben • Recha überwindet durch Geschem und ein Gespräch mit Nathan ihre Identitätskrise; sie entscheidet sich für das Judentum • der christliche Tempelritter erweist sich als muslimischer Prinz, als Neffe Saladins, und nennt sich nun Leu von Filkek • für Saladin ist dessen Glaube Glaubensbekenntnis	Kap. 13: Daja (S. 167 – 175) Kap. 14: Tempelritter (S. 176 – 190) Kap. 15: Geschem (S. 191 – 202) Kap. 16: Recha (S. 203 – 217)
17	**Dramatische Wende:** • der Mord an Nathan; Gewalt, Hass und religiöser Fanatismus scheinen zu siegen	Kap. 17: Elijahu (S. 218 – 229)
18	**Offener Schluss:** Das Leben geht weiter – was von Nathan bleibt: Recha führt Nathans Haus weiter, ihr erster Sohn soll seinen Namen tragen Eine neue Familie ist zusammengewachsen: Elijahu heiratet Zipora, Geschem behält sein Zuhause.	Kap. 18: Recha (S. 230 – 248)

Die Möglichkeit für die Schüler, während und nach der Erstlektüre Fragen an den Text oder an Figuren zu stellen, kann an einer Pinnwand visualisiert werden, die bestückt und fortlaufend während der Erschließung und Unterrichtsarbeit aktualisiert wird. So können Schüler selbst Antworten geben. Aber auch Sie als Lehrer können durch gezielte Fragen, die Sie dort mit anbringen, Akzente setzen, die in Ihrem Unterricht noch eine Rolle spielen sollen.

Das Schülerheft im Überblick

Das Heft ist in fünf Teile gegliedert:

Teil	Seiten	Zielstellung	Inhalte
I	3 – 13	**Erarbeitung der Ausgangssituation:** (Kopfzeile mit Kapitelzuordnung 1 bis 3)	• Leseerwartungen/Lesemotivation • der Brand in Nathans Haus und Rechas Rettung • Erzähltechnik des Romans • Geschem als zentrale Figur, Daja und Elijahu (Anlage eines Figurensteckbriefes); Nathans Vergangenheit • Themen des Romans • Stellungnahmen und kleinere Schreibaufgaben zur Erschließung • Musterschreibaufgabe
II	14 – 21	**Leseaufträge und Aufgaben zur Inhaltssicherung und Erschließung bei der häuslichen Lektüre:** zu Inhalt, Handlungsort, Figuren und Themen/Motiven	• Erstellung von Kapitelübersichten als gesondertes ‚Heftchen' • „Das Heilige Land" – als religiöses Zentrum (Übersichtsseite) – als barbarisches Land – als ‚Naturerlebnis' • Infosammlung zu wichtigen Fragen und Entwicklungen im Roman • Informationen über Nathan, dem selbst kein erzählendes Kapitel gewidmet ist
III	22 – 48	**Vertiefende Erschließung** von Themen, Figuren, Konflikten und Zusammenhängen	• Figuren und ihre Entwicklung sowie Parallelen • Figurenkonstellation (Heftmitte S. 28 bis 29) • das Leben als „Schachspiel" (Symbolik) • die Glaubensfrage (‚Ringparabel') • Verrat und/oder Wahrheit • Entscheidungen treffen; kleinere Schreibaufgaben zum vertiefenden Verständnis von Handlungen und Motiven der Romanfiguren
IV	49 – 51	**Übergreifende Schreibanlässe**	• erfordern Inhaltssicherheit und das Verständnis der Romanfiguren • Vorbereitung für die Prüfung/Klassenarbeit
V	52 – 56	**Transfer und Aktualität**	• Nathan heute – wo gibt es Parallelen, aktuelle Bezüge und Transfer? • die Autorin Mirjam Pressler • Vergleich des Romans mit Lessings Drama „Nathan der Weise"

Übersichtsseiten

Bei der Erschließung literarischer Werke steht die Analyse von Figuren, Themen und Motiven im Mittelpunkt. Hierfür bieten sich Übersichtsseiten an, die über einen längeren Zeitraum während der häuslichen Lektüre sowie der unterrichtlichen Arbeitsphasen entstehen. Sie dienen als Grundgerüst für die Inhaltssicherung, vor allem aber für das Verständnis der Zusammenhänge im Roman und für die Vorbereitung von Schreibaufgaben.

- S. 16/17: Jerusalem als religiöses Zentrum der Welt
- S. 22/23: Rechas Entwicklung
- S. 28/29: Figurenkonstellation – Figurennetz
- S. 40/41: Welcher Glaube ist der richtige?

Kopfzeilen

Aus den Kopfzeilen der Seiten ist zunächst die Thematik des Arbeitsblattes ersichtlich. Bei der Erschließung der ersten drei Kapitel sind die Kapitel und Seiten mit angegeben.

Der Brand im Hause Nathans Kapitel 1–3 (S. 9–54)

Danach nicht mehr in der Kopfzeile, sondern darunter bzw. bei den Aufgaben, wenn die zur Bearbeitung notwendigen Informationen gezielt dort zu finden sind.

Die Kreuzzüge

Kapitel 12 (S. 154–166)

Da viele Themen und Konstellationen nur kapitelübergreifend zu erschließen sind, werden hier während des Erschließungsprozesses übergreifende Entwicklungen und Zusammenhänge thematisiert.

Figuren erschließen

Um einen Überblick über die Figuren, ihre Konflikte und Beziehungen zu erhalten, wenden wir im Schülerheft differenzierte Strategien an. Das soll dem Schüler gleichzeitig Möglichkeiten aufzeigen, sich einer Figur zu nähern:

- Schrittweises Erarbeiten einer Figur mithilfe verschiedener Aufgaben, Leseaufträge und Fragestellungen: **Geschem, Tempelritter, Abu Hassan**
- Untersuchung einer Figur in ihrer Entwicklung im Verlauf der Handlung (auch mittels Schreibaufgaben): **Recha**
- Eingliederung einzelner Figuren in das Figurennetz (S. 28/29); Handlungen und Beziehungen der Figur tauchen außerdem in Schreibanlässen und thematischen Zusammenhängen auf: **al-Hafi, Patriarch, Saladin, Zipora, Jakob**
- Erstellen von Steckbriefen: **Daja, Elijahu, Sittah, Nathan**

Unabhängig von diesem Angebot steht es Ihnen natürlich frei, das Modell des Steckbriefes für alle Figuren anzuwenden. Hierfür könnte man eine Gruppe beauftragen. Zudem bestünde die Möglichkeit, auch gestalterisch dem Charakter und den Einstellungen der Figuren Rechnung zu tragen.
Um diese gestalterische Freiheit nicht einzuschränken, verwenden wir für die Figuren keine Einzelgrafiken, die das Gesicht einer Figur erkennen lassen. Die Variante der Schattenrisse lässt somit viel Spielraum für die Vorstellungen der Schüler von den Figuren. Die Schattenrisse ließen sich auch als ganze Figur nachgestalten, wobei die Kleidung und auch spezifische Körperhaltungen einfließen könnten. Einige Szenen haben wir illustrieren lassen. So die Schlüsselszenen ‚Brand – Rettung' und ‚Geschem und Recha'.

Alternativ dazu wäre eine weitere kreative Erschließungsmöglichkeit zu den Figuren unter folgender Aufgabenstellung sinnvoll:

Figurensteckbriefe – Selbstportäts – Figurengespräche

- Entwirf für jede Figur einen Steckbrief. Überlege, welche Informationen du darauf für wichtig erachtest, z. B. Name, Alter, Herkunft, Religion, Überzeugungen, Prioritäten, Unverständnis über ..., Gemeinsamkeiten mit anderen Figuren, Träume/Wünsche, Schicksalsschläge ...
- Wähle für jede Figuren ein bis zwei typische Zitate, die das Wesen bzw. die Einstellung dieser Figur widerspiegeln.
- Suche dir einen Partner und erarbeitet eine typische Pose/Haltung dieser Figur und fotografiert diese. Dabei solltet ihr auch auf ein authentisches Äußeres achten. Alternativ dazu könnt ihr natürlich die Figuren auch selbst entwerfen und zeichnen.
- Überlegt, welche thematischen Symbole für die jeweilige Figur eine Rolle spielen und fügt sie auf dem Steckbrief ein.
- **Am Ende suchst du dir eine Figur aus und erstellst für sie ein schriftliches Selbstporträt** *(Ich bin Geschem – das ist für mich noch ganz ungewohnt, denn diesen Namen trage ich noch nicht so lange. Ihr fragt euch sicher, warum ...)*. Teilt euch in der Klasse so auf, dass für alle Figuren ein Selbstporträt geschrieben wird.

Die Selbstporträts wiederum können verwendet werden. Sie werden vorgelesen, die Schüler können Fragen an die Figur stellen. Sie dienen als Ausgangspunkt für Gespräche zwischen den Figuren oder sind Basis für fiktive Interviews, die mit den Figuren am Ende der Erschließung geführt werden …

Wenn man die Variante mit den Fotos von Figuren anwendet, kann daraus eine eigenständige Figurenkonstellation analog zur Heftmitte (S. 28/29) oder auch nur in Anlehnung daran gestaltet werden, die eine ungeheure Lebendigkeit und Nähe zu den Schülerinterpretationen der Figuren darstellt.

- Wenn ihr eure Fotos zu den Figurensteckbriefen in entsprechender Größe ausdruckt, dann könnt ihr damit eine grafische Figurenkonstellation anlegen. Es ist auch möglich, in einer Gruppe mithilfe der Fotos eine Figurenkonstellation zu legen, die Verbindungen und Beziehungen der Figuren zueinander, auch deren Funktion im Roman (z. B. Intrigant usw.) zu kennzeichnen und die gesamte Konstellation dann abzufotografieren.
- Da Nathan der Einzige ist, der zu allen Figuren in Verbindung steht, sollte er das Zentrum der Figurenkonstellation bilden.

Übergreifende Schreibanlässe

Übergreifende produktive Schreibaufgaben dienen der Auseinandersetzung mit wichtigen Thematiken oder mit einem größeren Lektüreabschnitt. Solche Schreibaufgaben verlangen ein übergreifendes Textverständnis. Der Schreiber muss seine Lektürekenntnisse und sein Textverstehen einbringen und entsprechend der Aufgabenstellung entscheiden, welche Ereignisse und Inhalte er in die Aufgabe einbringt.
In der Prüfung in Baden-Württemberg werden solche Formate als **‚Produktiver Umgang mit Texten'** bezeichnet und umfassen meist wesentliche Teile der Ganzschrift. In anderen Bundesländern und in der Literatur werden diese Aufgaben u. a. auch als ‚Gestaltendes Interpretieren', als ‚Schreibanlässe' oder als ‚Schreibaufgaben' bezeichnet.
Am Ende der Lektüre setzen sich die Leser mit verschiedenen solcher übergreifenden Schreibaufgaben, wie sie in der Prüfung vorkommen können, auseinander. Das Schülerheft stellt drei Aufgaben vor (S. 49–51); dieses Lehrerheft enthält weitere Vorschläge.

Lassen Sie die Schüler selbst Schreibanlässe finden. Dabei suchen sie eine Textstelle, die Aufgabenstellung und die Form aus. Dadurch machen sie sich gestaltend Gedanken über die Themenschwerpunkte, die der Schreibanlass verlangt.

Zeichnungen – Visualisierung des Romans

Visuell begleitet wird der Erarbeitungsprozess durch verschiedene Zeichnungen, die zunächst dem besseren Verständnis der Handlung / der Figuren und ihrer Handlungsmotive dienen. Sie können auch anderweitig funktional eingesetzt wurden, um entscheidende Signalstellen / Textstellen nachzuvollziehen bzw. zu diskutieren und so das Hineinversetzen der Schüler in die Figuren unterstützen.

Das Bild zeigt den Tempelritter, der Nathans Tochter Recha aus dem brennenden Haus rettet. Das Gesicht des Tempelritters ist absichtlich nicht zu erkennen, da die Schüler in ihrer Vorstellungskraft von dieser wie auch allen anderen Figuren nicht eingeschränkt werden sollen. Erkennbar sind aber seine Kraft, sein Mut und die Zielstrebigkeit, ohne Rücksicht auf sein eigenes Leben, dieses Mädchen zu retten. Es ist ersichtlich, dass er ein Tempelritter ist.

Möglich als Ausgangspunkt für:
- Warum rettet er das Mädchen?
- Wie ist ein Mensch, der so ‚selbstlos' anderen hilft?
- Motiv von ‚Feuer'

- Rechas Wahrnehmung ihrer Rettung
- Wie nimmt Geschem den Retter wahr?

Die Titelillustration dieses Lehrerheftes zeigt den Tempelritter, als er über die Stadt Jerusalem blickt. Zu seiner linken Seite ist die Grabeskirche erkennbar, die den christlichen Teil der Stadt symbolisiert, rechts ist eine Moschee, ein Palast erkennbar, die den muslimischen Teil der Stadt symbolisiert.

Außer der religiösen Bedeutung Jerusalems zeigt das Bild natürlich die Zerrissenheit des Tempelritters selbst, der sich im Zwiespalt der Religionen befindet: Zum einen ist er Christ, ein Tempelritter, der einen Eid geschworen hat, dem er nun nicht mehr völlig folgen will, da er sich in Recha verliebt hat. Zum anderen ist sein ‚Glaubensfeind' ausgerechnet derjenige, der ihm das Leben schenkt und ihn letztendlich in seiner Familie aufnimmt. Er befindet sich am Scheideweg, muss eine Entscheidung für seine Zukunft treffen und sich seines Glaubens bewusst werden.

Möglich als Ausgangspunkt für:

- Kann man zwischen den Religionen einfach so hin- und herwechseln?
- Was darf mein Glaube von mir verlangen?
- Der Mensch ist da zu Hause, wo er sich geborgen fühlt.
- Welcher Glaube ist der richtige?
- Verhalten des Patriarchen, den er um Rat bittet.

Deshalb wird er am Schluss auch als Prinz dargestellt. Aus Curd von Stauffen wird Leu von Filnek. Was geschieht innerlich in ihm? Wie wird seine Zukunft sein? Wie steht er zu ‚seiner' Religion und Herkunft?

Das Titelbild des Schülerhefts zeigt Recha und Geschem und ist angelehnt an Kapitel 16. Dort sprechen Geschem und Recha zum ersten Mal miteinander, obwohl der Junge nun schon über drei Jahre in Nathans Haus lebt. Geschem hat sich für seine jüdische Identität entschieden. Als „Geschem Ben Abraham" gehört er zu Nathan und zu Elijahu, der ihm ein Vater geworden ist. Er kann nun schreiben und erfüllt voller Stolz Aufgaben im Handel des Hauses Nathan.
Das Bild drückt Verbundenheit zwischen den beiden aus.
Recha gewinnt durch Geschem ihre Sicherheit zurück.
Sie haben viele Gemeinsamkeiten.

Möglich als Ausgangspunkt für:

- Parallelen zwischen Geschem und Recha
- Gespräche zwischen den Figuren
  - Zukunftsperspektiven
  - über Nathan
- Beide elternlose Kinder, Herkunft?
- Ist Liebe ein stärkeres Band als Blut?

Recha erkennt durch Geschem, was Nathan ihr gegeben hat, auch wenn sie an ihm zweifelt, da er ihr ihre christliche Herkunft verschwieg.

Die anderen Bilder werden im Unterrichtskontext vorgestellt.

Die Symbole unterstützen das Verständnis und weisen auf Entwicklungen hin:

„Wie ein abgerissenes Blatt im Wind"

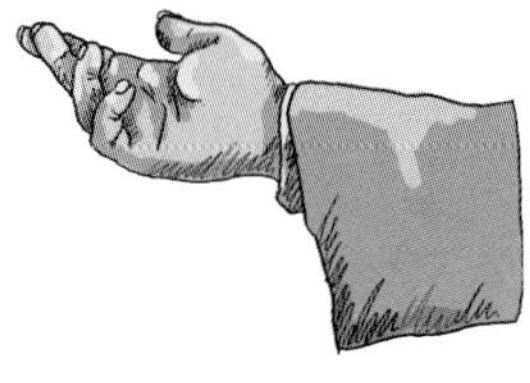

„Gutes tun, den Menschen helfen"

„Orden der Tempelritter"; Kreuzzüge

„Feuer und Gewalt"

„die verschiedenen Religionen; die ‚richtige' Religion"

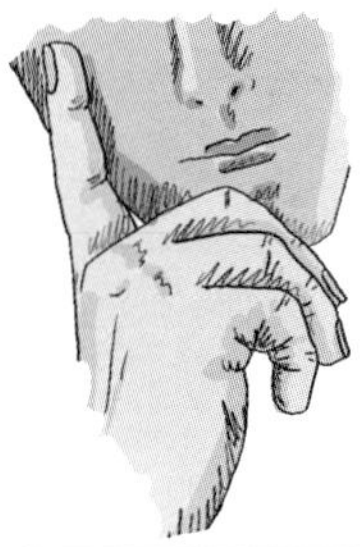

„Sieg der Vernunft"

„Engel im Spiegel"; Traum und Wirklichkeit

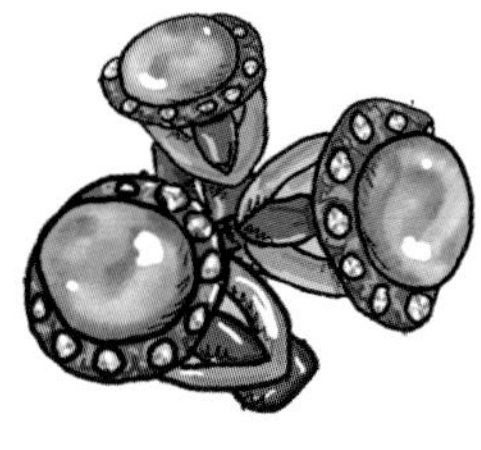

„Gleichnis der drei Religionen"

„Schlüssel zur Wahrheit"; auch Schlüssel zum Verständnis; zum Menschsein

„Das Leben ist ein Schachspiel"; Macht

Der Einsatz des Schülerhefts

Das Schülerheft unterbreitet ein Angebot an Aufgaben und Methoden, die den Schülern lerntypengerecht einen Zugang zur Romanhandlung, zu dessen Figuren und Themen ermöglichen. Im Kern ist es möglich, mit dem Schülerheft linear zu arbeiten, wobei entsprechende kapitelübergreifende Seiten einbezogen werden. Es obliegt natürlich Ihnen, die Reihenfolge der zu bearbeitenden Themen anzupassen, wenn die Erstlektüre beendet ist.

Die Konzeption erlaubt auch das Treffen einer Auswahl der Seiten des Schülerhefts, je nach Ihrer Schwerpunktsetzung. Aber auch die Erarbeitung einzelner Sequenzen des Schülerheftes in Eigenregie der Schüler ist realisierbar.

Die Arbeit mit dem Schülerheft ermöglicht es, am Ende der Unterrichtseinheit Folgendes zu sichern:

- Übersicht über die Handlung, die zentralen Themen und Fragestellungen
- Übersicht und Verständnis der einzelnen Figuren; auch in ihren Beziehungen zueinander
- Verständnis von Symbolen und deren Einbeziehung in die Figurencharakteristik
- Unterstützung des Textverständnisses durch Textstellen

Die **Schreibanlässe im Schülerheft** lassen sich in den Unterrichtsstunden allein nicht bewältigen, sie müssen auch nicht immer von allen geleistet werden. Deshalb bieten sich Hausaufgaben oder auch die Arbeitsteilung mit einem Partner oder in Gruppen an. Dennoch sollten alle Jugendlichen im Verlauf der Erarbeitung einige der Schreibanlässe lösen können. Die **drei zentralen Schreibaufgaben auf S. 49 bis 51** können sowohl zum gemeinsamen Erarbeiten und Besprechen, zum Üben und Anwenden des Wissen und der Arbeitstechniken wie auch als Aufgabe in einer Klausur verwendet werden. Es ist zu empfehlen, dass mindestens eine Aufgabe von jedem Schüler erarbeitet wird.

Erarbeitungsphase I: Die Exposition des Romans — Kap. 1 – 3 / SH 3 – 13

Die Einführung in den Roman erfolgt im Klassenverband. Dazu werden die ersten drei Kapitel gelesen und erschlossen.

Meine Leseerwartungen

SH 3

Ein Unterrichtsgespräch über die Leseerwartungen in Anlehnung an den Titel des Romans dient vornehmlich der Einstimmung und Motivation. Es sollte wenn möglich stattfinden, bevor die Schüler das Buch gesehen haben. So ist anschließend ein Vergleich besser möglich, ob durch die Covergestaltung neue Erwartungen oder Ideen hinzukommen bzw. erste Gedanken revidiert werden müssen.

Schrift:
- einige Buchstaben ‚tanzen aus der Reihe' (i, s, a, e) – vielleicht haben sie eine Bedeutung (sie stecken z. B. in ‚Israel') oder können zu einem Wort zusammengefügt werden;
- schwarze Schrift des Titels (z. B. Trauer, Unglück ...)

Bild unten:
- fiktives Abbild der Stadt Jerusalem um 1192
- man sieht morgenländische Gebäude (Al-Aqsa-Moschee, Minarette)
- Mauer stammt vom Tempelberg, auf dem einst der jüdische Tempel stand, der im 1. Jh. n. Chr. zerstört wurde

Bild oben rechts:
- Granatapfel:
  – altes Liebes- und Fruchtbarkeitssymbol
  – ein Zeichen göttlichen Segens (lebensspendender Kraft)
  – Allegorie der Kirche
  – die Samen wurden als Symbol für große Anzahl der für den Glauben gestorbenen Märtyrer angesehen
  – Symbol für die Auferstehung Christi

Klappentext:

Der Klappentext gibt vor ...	Der Klappentext verbirgt ...
• Jerusalem, 1192, Kreuzzüge • Christ trifft auf Jude • Frage nach der wahren Religion • Neuerzählung des klassischen Textes (Lessing)	• Beziehungen zwischen den Figuren • Nathans weitere ‚Kinder' • Antwort auf die Frage nach der wahren Religion • Was besagt das Gleichnis von den drei Ringen?

Jerusalem – die „Heilige Stadt"

SH 4

www

Bibliothek:
- Bildbände
- kurze Präsentation der Bilder (Internet) mittels Beamer

Die Einführung in die Thematik des Romans ist im Schülerheft als Beschäftigung mit der „Heiligen Stadt" Jerusalem konzipiert. Sicherlich haben die Schüler bereits von aktuellen Auseinandersetzungen in und um die Stadt aus den Medien gehört, genauere Hintergründe könnten allerdings unklar sein.
Daher klären wir zunächst mit Rechercheaufträgen den faktischen Hintergrund zur Stadt Jerusalem, ihren religiösen Stätten sowie religiösen Besitz- und Machtansprüchen, die wiederholt zu Konflikten führten und auch zukünftig von Bedeutung sein werden.
Bei der Aufgabenstellung ist darauf hinzuweisen, dass nur eine **Übersicht** entstehen soll. Dieser Hinweis ist wichtig, weil man sich in den Weiten der Recherchemöglichkeiten sowie Interpretationsansätzen auch schnell verlieren kann, zumal die Thematik sehr interessant ist. Am ehesten eignen sich eine Tabelle bzw. ein Schaubild (hier hat man noch die Möglichkeit der grafischen Veranschaulichung). Die Recherche ist hier zu beschränken, da die Schüler während der Lektüre noch einmal intensiv auf die speziell für den Roman zutreffenden Umstände im Zusammenhang mit Jerusalem eingehen werden.

Christentum 	Judentum 	Islam 
Für Christen ist Jerusalem ein Ort der heiligen Stätten, die mit Ereignissen im Leben und Wirken Jesu von Nazareth und der Geschichte der frühen apostolischen Kirche in Verbindung stehen. Jesus wurde hier gekreuzigt und ins Grab gelegt, hier ist der Ort seiner Auferstehung und somit Ausgangspunkt der Verbreitung des christlichen Glaubens.	Für das jüdische Volk ist die Stadt selbst heilig und somit geistiges Zentrum des Judentums. Seit nahezu 3 000 Jahren, seit König David den Ersten Tempel durch seinen Sohn Salomo errichten ließ, ist Jerusalem Fokus jüdischen Gebets und jüdischer Verehrung. Seit fast 2 000 Jahren haben sich Juden, wo auch immer sie waren, im Gebet nach Jerusalem und seinem Tempelberg gewandt.	Für die Muslime gilt der Tempelberg (arab.: ‚das edle Heiligtum') als der ‚entfernteste Platz der Anbetung' (arab.: masjid al-aqsa), von dem der Prophet Mohammed unter Begleitung des Engels Gabriel seine nächtliche Himmelsreise zum Thron Gottes angetreten hat.
Die Grabeskirche, die Via Dolorosa	**Die Klagemauer** (westliche Außenwand des Tempelbergs)	**Die al-Aqsa-Moschee, der Felsendom**

• Bau der ersten **Grabeskirche** begann im Jahre 326 n. Chr. • an der Stätte eines römischen Tempels und Heiligtums aus dem 2. Jahrhundert errichtet, die über dem Ort standen, an dem Jesus gekreuzigt und begraben worden war • man hatte dort das Grab des Joseph von Arimathäa gefunden, der der Legende nach Jesus in sein Felsengrab brachte • Rechte und Besitz in und um die Grabeskirche erheben: Griechisch-Orthodoxe, Armenisch-Orthodoxe, Römisch-Katholische, Koptisch-Orthodoxe (Ägypten), Äthiopisch-Orthodoxe und Syrisch-Orthodoxe • die **Via Dolorosa** ist eine Straße in Jerusalem, die durch die Altstadt zur Grabeskirche führt; auf ihr soll Jesus das Kreuz selbst zu seiner Kreuzigungsstätte getragen haben	• seit dem 12. Jahrhundert ehrwürdigste Stätte, an der Juden ihre Gebete sprechen können • Überreste des Salomonischen Tempels aus dem 10. Jh. v. Chr. • zahlreiche religiöse Besucher hinterlassen auf kleinen Zetteln ihre Gebete in den Zwischenspalten der Mauer (daher der Name „Klagemauer") • Pilgerort während der drei großen religiösen Feiertage des jüdischen Festkalenders: Pessach (Passahfest), Shavuot (Pfingsten, „Wochenfest") und Sukkot (Laubhüttenfest) • getrennte Gebetsbereiche für Männer und Frauen	• **Al-Aqsa-Moschee** (arab.: ‚ferne Kultstätte') ist drittwichtigste Moschee im Islam • von dort aus hat Prophet Mohammed die Himmelsfahrt angetreten • entstand nach Einnahme Jerusalems durch die Araber (8. Jh. n. Chr.), indem die vorhandene, aber zerstörte Kirche ‚St. Maria' umgewandelt und mit einer Kuppel versehen wurde • **Felsendom** erbaut zwischen 687 und 691 n. Chr. • ältester erhaltener islamischer Sakralbau, nicht als Gebetsort errichtet, sondern als Andenken an die Nachtreise Mohammeds • über der Opferstätte Abrahams errichtet, wo dieser der Bibel zufolge, bereit war, seinen Sohn Isaak zu opfern • ursprünglich stand hier der Salomonische Tempel

Alle religiösen Stätten liegen auf engstem Raum in der Altstadt Jerusalems, mit dem Tempelberg als Zentrum. Der Tempelberg ist einer der umstrittensten Orte, da alle drei Buchreligionen an ihm heilige Stätten haben, die teilweise auf alten Stätten anderer Religionen erbaut wurden.

Das Goldene Tor

Schräg gegenüber dem Ölberg befindet sich das einzig nicht passierbare Tor zur Altstadt Jerusalems. Eine Treppe führt direkt vom Tempelberg hinunter zu dem zugemauerten Tor, ohne jegliche Passiermöglichkeit.
Das Tor wurde von den Arabern verschlossen, da nach jüdischer Tradition der Messias bei seiner Wiederkehr durch dieses Tor kommen wird. Die Türken legten im 16. Jh. auf der vorgelagerten Fläche einen weiträumigen Friedhof an, da sie glauben, der Erlöser würde niemals über fremde Gräber gehen.
In der christlichen Überlieferung betrat Jesus als ‚Messias' durch dieses Tor Jerusalem.

Das Kidrontal

Das Kidrontal liegt zwischen dem Tempelberg und dem Ölberg unterhalb der Altstadt von Jerusalem. Nach muslimischer Überlieferung wird am Tag des Jüngsten Gerichts die Trennungslinie zwischen Gut und Böse durch dieses Tal gehen. Hier befinden sich u. a. auch die Gräber von Absalom, Zacharias und der Familie Hesir. Zuerst erreicht man die Grabstätte der Jungfrau Maria. Im 4. Jahrhundert wurde dort eine Kirche errichtet. Kreuzfahrer vergrößerten diese – Saladin ließ sie nach der Eroberung Jerusalems 1187 mit Ausnahme der Krypta zerstören. Die heutige Kirche gehört der griechisch-orthodoxen und der armenisch-apostolischen Kirche. Das Mariengrab im Kidrontal wird nach altkirchlicher Tradition als die Grabstätte von Maria, der Mutter Jesu angesehen. Da Maria auch im Islam verehrt wird, verschonte Saladin die Krypta.

Informationen aus ihrer Recherchetätigkeit können die Schüler auf der Übersichtsseite zur „Heiligen Stadt" (SH S. 16/17) wiederverwenden.

Der Brand im Hause Nathans

SH 5

In Kapitel 1 bis 3 steht zunächst der Brand in Nathans Haus und die damit verbundene Rettung Rechas im Mittelpunkt. Während des Brandes anwesend waren von den erzählenden Personen nur Geschem und Daja. Elijahu trifft gemeinsam mit Nathan nach dem Brand ein.

Geschems Wahrnehmungen und Gedanken:

- von Schreien erwacht
- er kann die Chance, die Tochter des Hauses zu retten, nicht nutzen
- starke Schmerzen, die zur Bewegungsunfähigkeit führten – Ohnmacht
- hohe Gestalt vor dem Feuer; breiter, weißer Rücken; Ärmel wie Flügel eines riesigen weißen Vogels; rotes Kreuz auf dem Gewand; vom Feuer verschluckt
- erwacht erst nach dem Brand wieder
- meint, versagt zu haben, fühlt sich nutzlos und als ein Nichts; nimmt zunächst an, dass Recha tot ist
- erleichtert, dass Recha lebt
- traut sich zurück in den Kreis der Familie und wird von Elijahu in Schutz genommen
- findet keinen Schlaf, weil er Angst hat, wieder von Feuer zu träumen
- Feuer löst ein Trauma in ihm aus, Feuer hat ihn einmal schwer verletzt – Narben und Erinnerungen

Dajas Wahrnehmungen und Gedanken:

- hat immer Nathans Bild vor sich, wie er blass wurde, weil er glaubte, seiner Recha sei etwas passiert
- er bricht förmlich zusammen
- Nathan macht niemandem Vorwürfe
- wacht über Recha in der Nacht, wie sie es immer getan hatte – nimmt zum ersten Mal wahr, dass Recha kein Kind mehr ist
- denkt über Rechas Vorstellungen von ihrem rettenden Engel nach – definitiv ein Tempelritter (ein Christ wie sie selbst)
- bei Rechas Anblick denkt sie an ihre eigene Jugend
- ihr wird klar, dass ihr eigenes angenehmes Leben an Recha gebunden ist – Recha ist ihre Daseinsberechtigung in Nathans Haus

Elijahus Gedanken:

- findet Daja völlig aufgelöst vor – es muss etwas Schreckliches passiert sein
- Erinnerungen an damals, als Kreuzfahrer Nathans gesamte Familie ermordeten: seine Frau, sieben Söhne, sein Bruder und die Knrechte wurden verbrannt; diese Erinnerungen sollten besser nicht geweckt werden – aber Nathan muss ständig daran denken und kann nicht vergessen
- es beruhigt ihn, bis er Recha lebend sieht
- Nathan vom großen Unheil diesmal Gott sei Dank verschont geblieben
- zweimal könnte er einen solchen Verlust nicht verkraften
- Recha, von Nathan als Ersatz für seine Kinder aufgenommen, hat Nathan damals geholfen und ihn davor bewahrt, Rache zu nehmen
- Feuer vernichtete Leben – das Ereignis brachte aber neues Leben in Nathans Haus und Herz
- das ganze Ausmaß der möglichen Katastrophe wird ihm bewusst
- der Brand heute richtete seine Aufmerksamkeit auch auf Geschem – er wurde auch wie Recha ‚gefunden' ohne zu wissen, wo er herkommt
- Geschem muss wohl auch Schlimmes mit Feuer erlebt haben – vielleicht war er deswegen wie gelähmt beim Brand und konnte selbst nicht helfen

Wie erlebt Nathan das Ereignis?

- die materiellen Verluste sind bedeutungslos, was einzig zählt, ist, dass Recha nichts passiert ist
- Nathan beruhigt sogar noch Daja
- dankt Gott für Rechas Rettung – fühlt dennoch Schmerz des drohenden Verlustes
- kann nicht glauben, dass ein Tempelritter seine Recha gerettet hat, denn in Jerusalem gibt es keine
- könnte Recha vielleicht Schaden genommen haben, weil sie solch wirre Sachen erzählt: Wunderglaube, Engel?
- Erinnerungen an die Familie, die er vor fast 18 Jahren auf grausame Weise verloren hat
- hat Gott diesmal auf Recha aufgepasst – habe ich mich so verhalten, wie er es verlangt, damit ich nicht bestraft werden muss?
- seine Dankbarkeit dem Retter ausdrücken

Die Erzähltechnik

SH 6

Die von Mirjam Pressler gewählte Ich-Erzählperspektive wird sicher gerade dann interessant, wenn verschiedene Personen über dasselbe Ereignis berichten. In den ersten drei Kapiteln geschieht das, wenn sich Geschem, Daja und Elijahu über den Brand von Nathans Haus äußern. Integriert sind aber auch Redezitate von Nathan, Recha oder auch al-Hafi.

Möglichkeiten der Ich-Perspektive und des Perspektivwechsels:

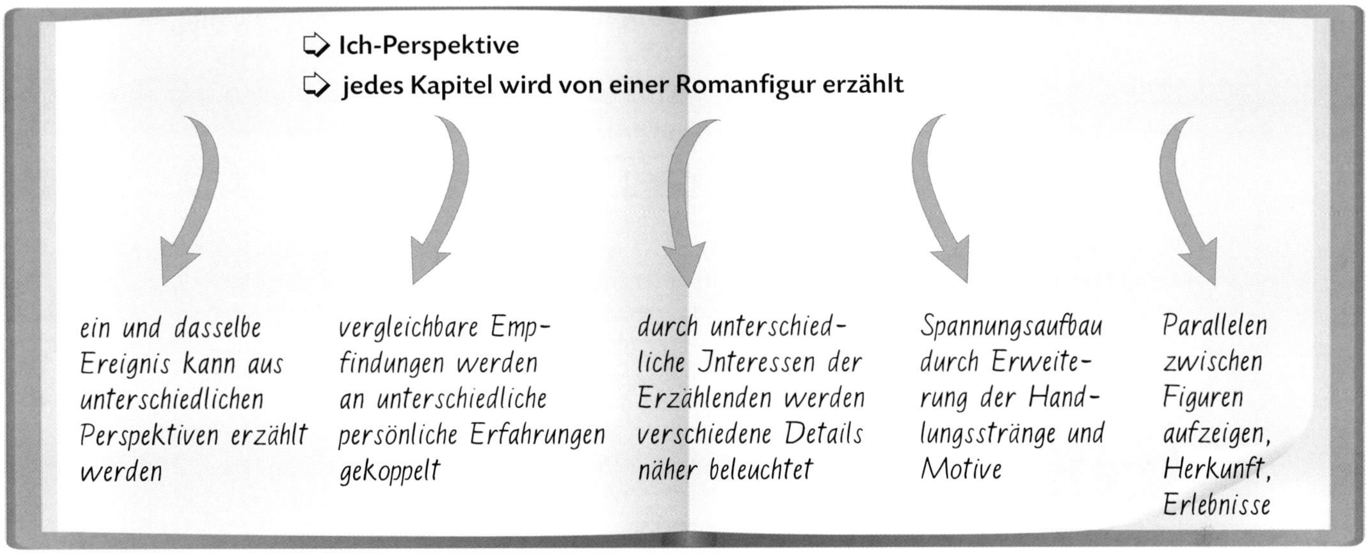

Mithilfe der Aussagen von zwei Figuren ergibt sich ein ziemliches klares Bild von Geschem – eigentlich schon der Anfang einer Figurencharakteristik, die durchaus auch in einem Steckbrief festgehalten werden könnte.

Informationen	Geschems Perspektive	Elijahus Perspektive	Gesamteindruck
Geschems Vergangenheit	x	X	Geschem kann oder will sich selbst nicht an seine schrecklichen Erlebnisse erinnern. Er überlebte einen Brand, der ihn aber seelisch und körperlich gezeichnet hat. Durch das Fehlen eines Namens fühlt er sich losgelöst von jeglichen Verbindungen, was auch sein eher unauffälliges Verhalten erklärt. Feuer ist für ihn ein traumatisierendes Element, was seine Lähmung beweist. Schließlich hat Geschem das Gefühl, etwas Gutes tun zu müssen, um sich für sein Leben in Nathans Haus zu bedanken.
seine Ängste	X		
Erinnerungen an ein anderes Feuer	x	X	
Geschems Charakter	X	x	
Belastungen durch eigene Vergangenheit	x	x	
Äußerlichkeiten	X	X	
Auftreten	X		
seine Beziehung zu anderen Figuren	X	X	

Die Auswertung der Tabelle sollte unter Hinzunahme von entsprechenden Textstellen bzw. Situationen in der Handlung vorgenommen werden, sodass die Schüler sich über Details ihrer ‚Kreuze' austauschen können. Wichtig wäre, herauszuarbeiten, dass Geschem selbst zwar alle Ansatzpunkte aus seiner Perspektive bedient, aber oftmals nur als wagen Satz, als gegenstandslose Erinnerung. Erst die anderen Figuren, besonders Elijahu, hauchen dem Bild des Menschen Geschem Leben ein. In obiger Lösung haben wir das versucht durch große und kleine Kreuze darzustellen, die auf die Detailliertheit der Aussagen hinweisen sollen.

Nathans Sicht auf Geschem macht das Bild dieser Figur noch klarer. Es gibt mehr als drei Zitate, die hier angeführt werden können. Daher ist die Auswertung der Zitate an der Pinnwand auch empfehlenswert.

- „»Aber egal, wer deine Eltern waren, ein Mensch braucht einen Namen.«" (S. 22/11–13)
- „»Der Mensch braucht einen Namen, bei dem man ihn nennen kann.«" (S. 49/27–28)
- „»Er scheint einen klugen Kopf zu haben, das könnte sein körperliches Gebrechen wettmachen.«" (S. 52/30–53/1)
- „»Vielleicht ist es Gottes Wunsch, dass wir sein Schicksal zum Besseren wenden und ihn ein wenig für das entschädigen, was ihm das Leben in seinen jungen Jahren bereits angetan hat.«" (S. 53/2–5)
- „»Geschem braucht einen Menschen, der sich um ihn kümmert«" (S. 53/12–13)

- „»Jeder braucht einen Platz in der Welt, einen Ort, an den er gehört, und Menschen, in deren Mitte er Geborgenheit findet.«" (S. 53/26–28)
- „»Wenn Geschem nicht weiß, was er ist, kann er doch genauso gut ein Jude sein, falls er das will.«" (S. 53/30–54/1)

SH 7

Die Erzähltechnik – Erzählperspektive

Ähnlich wie die Untersuchung der Figur Geschems im Schülerheft auf Seite 6 ist die Aufgabe zu Nathan angelegt. Die Schüler tragen zusammen, was sie über Nathan erfahren. Ihnen sollte aber auch auffallen, dass trotz der Tatsache, dass Nathan selbst kein Kapitel erzählt, durch seine Aussagen in den Gesprächen mit anderen Figuren Haltungen, Ideen, Gedanken und teilweise auch Gefühle erzählt werden.

Daja	Elijahu	Verborgen bleibt ...
• sieht Nathan zusammenbrechen, kann ihm nicht helfen • er hat sie bei sich aufgenommen und ihr als völlig Fremde die Betreuung seiner Tochter anvertraut • glaubt zu wissen, warum Nathan Recha noch nicht verheiratet hat • geduldiger, großzügiger Mensch • teilt mit Nathan bisweilen das Bett	• weiß vom Schicksal der Familie Nathans in Gath • versteht ihn manchmal nicht • akzeptiert, dass Nathan nicht über die Vergangenheit spricht • Nathan hat eigene Religionsansichten, die auch gefährlich sein können in der muslimischen Umgebung und angesichts der Auseinandersetzungen während der Kreuzzüge	• Warum hat Nathan Daja als Kindermädchen für Recha aufgenommen? • Welche Gefühle hegt er für Daja? • Was dachte er, als ihm Recha gebracht wurde? • Wie hat er es geschafft, dass seine Hass- und Rachegefühle verschwanden? • Was denkt er wirklich über die grausame Tat der Christen damals? • Spannung wird aufgebaut.

Zunächst wird beim Lesen festgehalten, welche Figur nicht erzählt. Dazu werden Vermutungen angestellt. Im Austausch (Kleingruppen, arbeitsteilig) entsteht am Ende der Lektüre ein umfassenderes Bild.

Nicht erzählen ...

Neben **Nathan** haben auch **Sultan Saladin**, der **Patriarch** sowie **Jakob** und **Zipora** kein eigenes Kapitel. Sie werden grundsätzlich aus der Wahrnehmung, Erinnerung und Beobachtung anderer Figuren geschildert und eingebracht. Dies bedeutet auch, dass eine subjektive Wahrnehmung erfolgt. Dies muss der Leser berücksichtigen und versuchen, sich – soweit dies geht – aus den verschiedenen Perspektiven ein Bild zu machen.

Die anbahnende Liebesbeziehung und Heirat Elijahus mit **Zipora** erfahren wir nur ‚von außen'; **Jakob** ist eine Randfigur.
Besonders deutlich wird dies bereits am Anfang der Handlung: **Nathans** Angst und Entsetzen über den Brand wird nur aus der Erinnerung Elijahus bewusst. Er schildert Nathans Verzweiflung über die Ermordung seiner Familie in Gath vor 18 Jahren und – gerafft – auch Nathans Wandel vom Hasser zum Menschen, der Vernunft und Herz vereint, und so sich zum ‚Weisen' entwickelt.

Der Leser macht sich ‚sein Bild' über die Figuren.
In Kapitel 6 tauschen sich al-Hafi und Nathan kontrovers über **Sultan Saladin** aus. Geschildert wird dies aus der Wahrnehmung al-Hafis. Für Nathan ist der Sultan ein Machtmensch, das Zentrum der islamischen Welt, gefährlich. Von ihm müsse man sich, und damit auch al-Hafi, fernhalten. Al-Hafi sieht beide ‚Wahrheiten' und damit das ‚Gemeinsame': Der Faszination, der Ausstrahlung und dem Einfluss des Sultans kann man sich nicht entziehen. Damit wird auch die Spannung gesteigert, denn er deutet an, dass Sittah, die „Dame" und „Königin", Nathan eben in das Zentrum der Auseinandersetzung hineinziehen wird.
Der Sultan bleibt ansonsten unnahbar, undurchsichtig, unberechenbar.

Der **Patriarch** wird aus der – anfangs naiven – Perspektive des suchenden Tempelritters charakterisiert. Der Kontrast zwischen den Erwartungen Curd von Stauffens an den Patriarchen und dessen Lebensweise (fett und dekadent), fremd jedweder Einfühlung in die Situation des jungen Menschen, entlarvt auch seine Intoleranz: Er verkörpert das Sendungsbewusstsein, das viele Menschen in die Kreuzzüge und in die Katastrophe führte. Er ist unbelehrbar, selbst in der Niederlage trachtet er nach des Sultans Leben und als Antisemit nach dem Leben Nathans.

Jeled – Geschem

SH 8

Geschem ist die erste Figur im Roman, die detailliert betrachtet wird. Im Zentrum dabei steht die Thematik ‚keinen Namen zu haben'. In unserer Zeit ist um die Namensgebung ein richtiger Hype entstanden, zahlreiche Untersuchungen erkunden Muster in der Namensgebung. Die Vorstellung, wie es wäre, ohne Namen zu leben, ist für Schüler sicher interessant. Vielleicht denken manche zum ersten Mal intensiv über diese Thematik oder über die Bedeutung ihres Namens nach?

Wenn der Name fehlt:

- keine Unterscheidungsmöglichkeit von anderen Familienmitgliedern
- keine Anrede möglich
- keine Ausstellung von Dokumenten möglich (z. B. Heirats- oder Geburtsurkunde)
- keine Identifikationsmöglichkeit mit der eigenen Familie
- ständige Anonymität
- man kann für Gesagtes nicht belangt werden
- keine Verantwortung
- keine gültige Unterschrift möglich

Sprichwort	Bedeutung	Übertragung auf Geschem ...
In jemandes Namen	im Auftrag / in Vertretung von einer Person / Institution getan	• kann keinen ‚Auftrag' erteilen
Sich einen Namen machen	durch Erfolge bekannt werden	• auch wenn er Leistung erbringt, wird man ihn nicht damit in Verbindung bringen • ihm wird Anerkennung verweigert
Im Namen der Religion	für die Religion, zum Wohle der Religion	• ohne Namen auch kein Hinweis auf die Religionszugehörigkeit
Das Kind beim Namen nennen	sagen, wie es ist; sich klar ausdrücken; offen reden; seine Meinung unbeschönigt äußern	• er kann nicht persönlich angesprochen werden
Namen sind Schall und Rauch	etwas hat keine Bedeutung, ist vergänglich; es ist doch gleichgültig, wie man es nennt, Hauptsache, man wird verstanden	• wichtig ist auch, wie man selbst sich verhält, was man tut
... was Rang und Namen hat	bekannte / einflussreiche Persönlichkeiten	• andere werden ihn nicht kennen • hat keine Aufstiegsmöglichkeiten

Die Namenswahl „Geschem" = „Regen" liegt nahe, da Geschem das Feuer als seine größte Bedrohung sieht: Zum einen wurde er selbst durch ein Feuer zum Krüppel, zum anderen hätte ein Feuer beinahe Recha getötet, er konnte ihr dabei nicht helfen.

„»Regen«, sagte ich. »Wasser, das vom Himmel fällt. Wasser, das jedes Feuer löscht.«" (S. 22/16–17)

Mit der Regensymbolik endet auch der Roman, wenn Recha Nathans Werk und Haus weiterführt.

Einen Namen tragen

SH 9

Zunächst einmal sollte man herausstellen, dass Nathan mit seinem Rat an Geschem, sich einen Namen auszusuchen, je nachdem, wer ihn anspricht, diesen beschützen will. Unter Berücksichtigung der Zeit, in der die Handlung spielt, ist das sicherlich nachvollziehbar. Dennoch bringt er Geschem damit in einen Zwiespalt:

- beide Namen sind eindeutig religiös geprägt
- die doppelte Namenswahl würde suggerieren, dass man nicht nur Namen, sondern auch Religionen beliebig wechseln kann
- eine wahre Identifikation mit dem Namen ist nicht möglich, er muss sich immer entscheiden und könnte dabei in Bedrängnis geraten
- Nathans Haltung „Wir sind alle Abrahams Kinder" kommt zum Ausdruck
- er zwingt ihn nicht, einen jüdischen Namen anzunehmen, somit zwingt er ihn auch nicht, diese Religion zu leben

Schreibaufgabe ‚Nathan erzählt al-Hafi von den Ereignissen'

Diese Schreibaufgabe kann entweder als Gespräch gestaltet werden oder aber auch in Form monologischer Äußerungen von Gedanken und Informationen Nathans, und al-Hafi ist nur Zuhörer.

Einleitung:

- Bezug zum Brand und der Stimmungslage von Nathan (konnte nicht schlafen, Erinnerung an Gath …)
- Geschem zum ersten Mal wahrgenommen – weiß eigentlich nichts von ihm, nicht einmal, wie er in sein Haus gekommen ist

Hauptteil:

- Eindruck von dem Jungen
- Geschems Vergangenheit
- Namensgebung und Begründung
- Elijahu beauftragt, sich um ihn zu kümmern, sein Vater zu werden
- Nachdenken über Geschems Schicksal im Vergleich zum eigenen:
  - auch von einem Brand gebrandmarkt (Geschem auch äußerlich, Nathan seelisch)
  - ‚irgendwie' in sein Haus gelangt, wie auch seine Tochter Recha
  - ist ein Kind Abrahams, also auch Nathans Kind?

Schluss:

- Man sollte immer helfen, wenn man kann, und auch genauer auf seine Mitmenschen schauen, um sie vor Unheil zu bewahren. Geschem wird nun von allen mehr respektiert und erhält eine Aufgabe.

Themen des Romans

SH 10

Im Analyseteil wurde ausführlich über die Themen und Motive des Romans gesprochen. Die Verbindung eines Themas mit einem entsprechenden Symbol ist sowohl für Interpretationszwecke als auch die Zuordnung von Themen zu den entsprechenden Figuren sehr hilfreich.
Hier gehen wir einmal einen anderen Weg, geben Symbole vor und lassen sie zunächst den Vorstellungen und dem Vorwissen der Schüler entsprechend erläutern.

Hinweis: Es wäre günstig, die Symbole auf eine Folie zu ziehen und zunächst ohne die Schülerheftseite zu präsentieren und zu besprechen. Das ermöglicht einen völlig unbedarften Zugang.

SYMBOL	 3	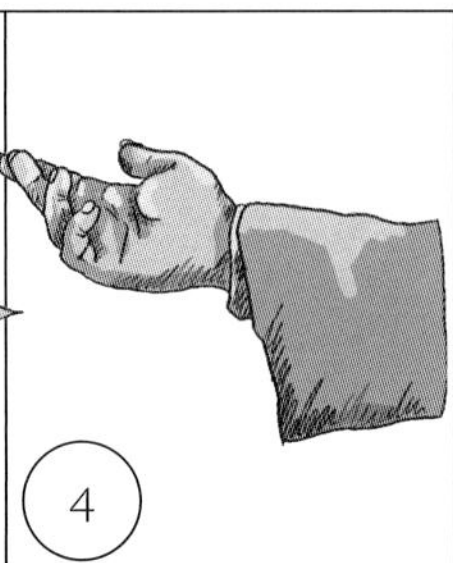 4	 1	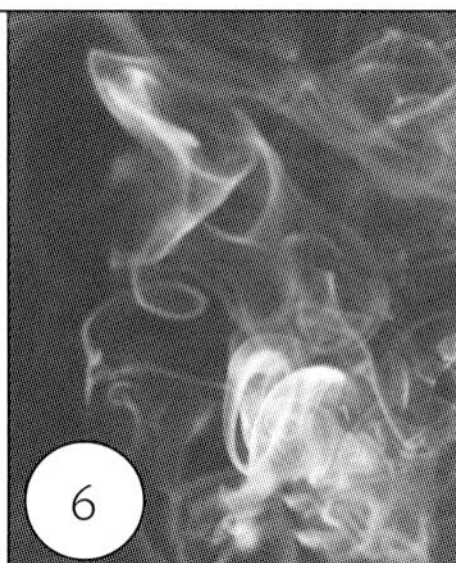 6	 2	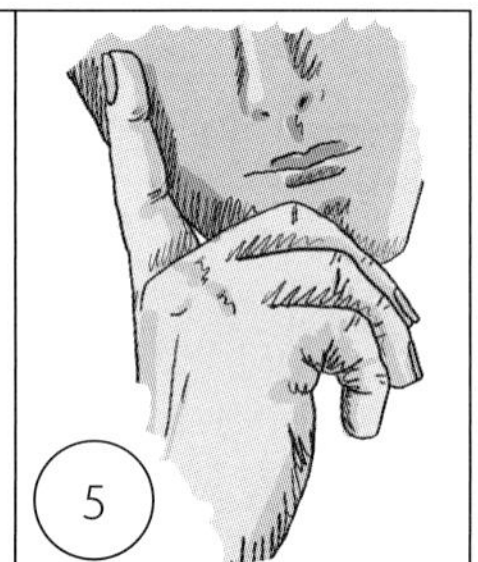 5
DEUTUNG	losgelöst von einem Halt … nicht dazugehören; kein Zuhause; ohne Wurzeln; keine Identität	Menschlichkeit; Hilfe für Schwächere; Hilfe wird belohnt; jemanden retten	Tempelritter; Christentum; Saladin lässt Kreuzritter hinrichten	Feuer, Rauch; zerstörerische Kraft (Seele und Körper); verbindet Figuren (z. B. Nathan, Geschem, Recha)	drei Religionen mit gleichem Ursprung (Abraham); Kriege; Vermischung in Nathans Haus	erst nachdenken, dann handeln; rationales Denken; Vernunft
TEXTSTELLE	„»Jeder braucht einen Platz in der Welt, einen Ort, an den er gehört, und Menschen, in deren Mitte er Geborgenheit findet.«" (S. 53/26–28)	„»Gott möge es Elijahu und Zipora ins Buch des Lebens schreiben, was sie an dir getan haben«" (S. 21/25–26)	„»Er hat einem Tempelritter das Leben geschenkt? Warum?«" (S. 15/2–3)	„Die Schreie seien furchtbar gewesen, und es habe lange gedauert, bis auch die letzten vom Feuer erstickt waren." (S. 47/6–8)	„»Schließlich sind wir alle Abrahams Kinder.«" (S. 54/1–2)	„»Tag für Tag muss ich darum kämpfen, meine Vernunft zu bewahren.«" (S. 52/10–11)
THEMA	Identitätssuche	Hilfe/Gutes tun	Tempelritter/ Kreuzzüge	Gewalt/Feuer; Hass	Religion	Sieg der Vernunft

Daja – die Erzieherin und Gesellschafterin Rechas

SH 11

An Dajas Beispiel wird den Schülern eine weitere Möglichkeit aufgezeigt: sich durch einen Steckbrief einer literarischen Figur zu nähern. Die Untersuchung von Textstellen und die Ausdeutung bestimmter Handlungen der Figuren helfen, die Figur einzuschätzen und sie näher zu beschreiben. Bevor der Steckbrief begonnen wird, können sowohl die Aufgaben auf Seite 11 als auch auf Seite 12 erledigt werden. Der Steckbrief wird im Laufe der Handlung erweitert und ergänzt. An dieser Stelle können nur Alter, Religion und einige der wichtigsten Entscheidungen in ihrem Leben eingetragen werden.

- Daja folgt dem Aufruf der Prediger und will helfen, das „Heilige Land“ zu befreien.
  Sie lässt sich sehr leicht begeistern, und die Liebe zu Gott hatte sie damals mit angetrieben.
- Daja sucht eine Gelegenheit, von ihrer Großmutter fortzukommen.
  Sie fühlte sich von Anfang an ungeliebt und ungewollt. Zudem erdrückt die Großmutter sie mit ihrer fast fanatischen Gottesgläubigkeit.
- Daja hat sich in Gisbert, den Bediensteten eines Ritters, verliebt und will bei ihm bleiben.
  Noch nie hatte sie einen so hübschen Burschen gesehen. Daja war jung und vielleicht war es Liebe, zumindest aber Verliebtheit auf den ersten Blick.
- Daja erhofft sich die Vergebung der Sünden und die ewige Seligkeit.
  Darauf wollte niemand verzichten. Für sie war es vielleicht nicht der wichtigste Grund.
- Daja hat wie viele andere Sehnsucht nach Abenteuern, die sich in ihrem Dorf nicht bieten.
  Ihre Perspektiven im Dorf sind eingeschränkt. Etwas Neues, Spannendes, Abenteuerliches lockt wohl auch heute jeden Jugendlichen.
- Daja und viele andere erhoffen sich Reichtum, den sie in ihrer Heimat nicht erwerben könnten.
  Wenn kein Reichtum, dann doch ein anderes, freieres Leben als hier im Dorf.
- Daja will ‚dazugehören‘, als viele begeistert dem Aufruf der Prediger folgen.

Sie ist mitgerissen von diesem immer stärker werdenden ‚Wir‘. Sie geriet wie andere auch in einen regelrechten Rausch.

Begründen lassen sich wohl einige Motive als das Entscheidende für Daja. Das könnte auch mit den Erfahrungen und Erwartungen der Jugendlichen selbst zusammenhängen. Wahrscheinlich ist die Wahl der Motive ‚dazugehören‘, ‚verliebt in Gisbert‘, ‚Flucht vor der Großmutter‘ und ‚Sehnsucht nach Abenteuern‘. Mirjam Pressler gestaltet mit der langen Rückerinnerung Dajas auch die Motive, die zu den Kreuzzügen führten. Angefangen von Papst Urbans II. Aufruf, als ‚Gott will es‘ überliefert, hin zur Mobilisierung und Fanatisierung der Ritter und vieler Schichten, sowie den Zug ins „Heilige Land“, der nach Strapazen ins Verderben und in die Katastrophe führt.

Name: Daja

Alter: Mitte 40

Religion: Christin

Wer mir am Herzen liegt und warum:
Recha: Liebe, wie eigenes Kind, großgezogen, Lebensinhalt, ließ mich die Vergangenheit verdrängen, braucht mich
Nathan: Lebensretter, großzügiger Mann, hat mich nie ausgefragt, hat mich aufgenommen, mir ein Leben in Sicherheit und Wohlstand geboten

Wonach ich mich sehne:
nach ausgiebigen Gängen auf dem Markt, nach der Heimat, nach Frost, nach anderem Wetter

Die wichtigsten Entscheidungen in meinem Leben:
den Kreuzfahrern zu folgen; nach Gisberts Tod nicht bei den Kreuzfahrern zu bleiben; Nathan zu folgen; dem Tempelritter die Wahrheit über Recha zu sagen

Was ich bereue:
Nathan verraten zu haben, ihm in den Rücken gefallen zu sein; Gisbert nicht begraben haben zu können; dass ich mit Nathan nicht noch einmal über meinen „Verrat“ reden konnte

SH 12

Daja – Elijahu

Nathan haben mehrere Gründe dazu bewogen, Daja bei sich aufzunehmen:

- ⓧ Die Erziehung von einer Frau aus einem fremden Land tut der Bildung Rechas gut.
- ⓧ Sie war zur richtigen Zeit am richtigen Ort, also Zufall.
- ⓧ Nathan hatte Mitleid mit ihr.
- ⓧ Nathan ist ein guter Mensch und hilft anderen, wann immer er es kann.

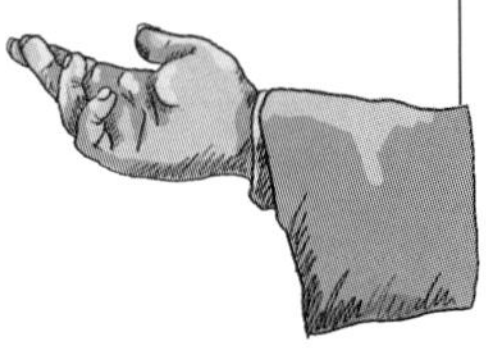

„Eine gute Tat zieht eine andere nach sich" bewahrheitet sich: Nathan nimmt Daja bei sich auf – Daja kümmert sich um Recha, sodass Nathan seiner Arbeit nachgehen kann.

Dajas Leben in Nathans Haus wird als sehr angenehm beschrieben:
- frei, bequem, luxuriös, entspannt, angenehm, würdevoll, sorglos, behütet

Als Nathan nach dem Brand fast zusammenbricht, hat sie kein Mittel, ihn zu beruhigen.
Daher ist sie froh, dass Elijahu dies übernehmen kann. Vielleicht hätte sie zu ihm gesagt:
- mir sind nicht die richtigen Worte eingefallen
- ich war verzweifelt, nicht helfen zu können
- dich hat das an den Brand damals in Gath erinnert
- ich war selbst so aufgeregt
- du hast Nathan schon einmal nach einem Brand auffangen und trösten müssen
- du bist wirklich sein bester Freund und er kann sich glücklich schätzen, dich zu haben

Steckbrief Elijahu

Name: Elijahu

Alter: Mitte 40

Religion: Jude

Was Nathan für mich bedeutet:
wie ein Bruder, seit der Jugend bei ihm, Vertrauter, Freund, erst zuletzt auch Arbeitgeber

Wer mir am Herzen liegt und warum:
Nathan, weil er gerecht ist, die Menschen liebt und Ratschläge geben kann; Zipora, weil ich sie liebe und heiraten möchte; Geschem, weil er in seinem jungen Leben schon so viel Schlimmes erlebt hat und ich ihn beschützen will

Meine Familie: Nathans Familie, alle in Nathans Haus

Was ich über ‚Familie' denke:
Familie sind die Menschen, mit denen du deine Zeit verbringst, mit denen du lachen und weinen kannst, die dich respektieren, wie du bist, bei denen du dich geborgen fühlst – und das müssen nicht zwangsläufig Blutsverwandte sein

SH 13

Eine Musterschreibaufgabe

Nun kenne ich Nathan schon so lange, und doch schafft er es, mich immer wieder zu verblüffen. Manchmal denke ich „jetzt weiß ich, was er meint" und dann, ganz unvermittelt im nächsten Moment platzt er mit einem Satz heraus, dessen Tragweite auf den ersten Blick überhaupt nicht zu überschauen ist: „Wir sind alle Abrahams Kinder". Ein einfacher Satz, aber doch auch sehr gefährlich, wenn das jemand hört, dass sich ein Jude quasi gleichstellt mit einem Muslimen oder Christen – hier in der „Heiligen Stadt" Jerusalem, in der es seit Jahrhunderten nur darum geht, welche Religion die Oberhand über die andere gewinnt – Die Muslime herrschen in der Stadt, ... das kann gefährlich werden. ...

Weitere Gedankengänge:

Elijahu könnte versuchen, sich Nathans Aussage damit zu erklären, dass Nathan durch den Schrecken des Brandes verwirrt ist:
- Verlustängste um Recha
- Erinnerungen an seine beim Brand getötete Familie
- Glücklich, dass niemand zu Schaden kam

Auslöser für Nathans Ausspruch könnte aber auch das Schicksal Geschems gewesen sein:
- kein Name, keine Identität, keine Religion
- Kann man sich mit dem Namen auch die Religion aussuchen?

Die zentralen Aussagen / Fragen dieser Aufgabe sind aber:

„Wir sind alle Abrahams Kinder“ und **„Was macht uns zu Menschen?“**

Elijahu muss beim Nachdenken beide Bedeutungen untersuchen / hinterfragen und daraus für sich schlussfolgern:
- eigentlich „Menschen“
- Religionsunterschiede unwichtig
- alle drei Religionen haben gemeinsamen Ursprung
- Warum bekämpfen sie sich dann?

- Eigenschaften / Handlungen, die unabhängig von der Religion wichtig sind
- Liebe macht uns zu Menschen – können Gläubige nicht lieben, wenn sie Krieg führen?
- Gutes tun als Sinn des Lebens, anderen Menschen helfen, ihnen Geborgenheit geben

In der Auswertung der Schreibaufgabe darauf Wert legen, welche eigene Antwort Elijahu auf Nathans Frage formuliert. Die Ergebnisse werden verglichen und diskutiert.

Erarbeitungsphase II: Lektüre und Inhaltsicherung   Kap. 4 – Schluss / SH 14 – 21

Im Anschluss an die gemeinsame Einführung in den Roman erfolgt die häusliche Erstlektüre des gesamten Romans in circa zwei Wochen unter Erfüllung der Aufträge (SH S. 14 bis 21). Zusätzlich wäre der Hinweis für die Schüler hilfreich, sich auch Notizen zu den Figuren zu machen, vor allem Auffälligkeiten, Fragen oder Fragwürdiges, überraschende Handlungen usw. Auch wäre es ratsam, bereits Fragen an den Text, Verständnisfragen oder auch allgemeine Fragen zur Thematik festzuhalten, um sie dann an entsprechender Stelle im Unterricht einzubringen. Die Möglichkeit einer Pinnwand für Fragen wurde bereits erwähnt und bietet sich auch in dieser Phase an.

Inhaltssicherung

SH 14

Das Anlegen der Kapitelübersichten ist ein bewährtes Mittel sowohl zur Lektürekontrolle als auch zur Inhaltssicherung. Diese Gestaltungsvariante eröffnet den Schülerinnen und Schülern zugleich einen Überblick über die gegenwärtige Handlung und die Vergangenheit der einzelnen Figuren. Sie schärfen so auch ihren Blick für das Wesentliche des Geschehens und lernen, pointiert zu formulieren. Sie werden dabei auswählen müssen, denn die 18 Kapitel konzentrieren sich nicht jeweils nur auf ein Thema (siehe Inhaltsangaben). Die Aufgabe kann auch arbeitsteilig erfolgen: je ein / zwei Schüler fertigen eine Kapitelübersicht an.

Mögliche Kapitelüberschriften:

1. Kap.: Ich habe endlich einen Namen (Aus dem Feuer gerettet …)
2. Kap.: Zug ins „Heilige Land“ (Von Deutschland nach Jerusalem / Eine verirrte Wanderin …)
3. Kap.: Nathans Vergangenheit (Wenn aus Hass Liebe wird / Recha kommt in Nathans Haushalt …)
4. Kap.: Rechas Engel (Rechas Engel wird zum Menschen / Jerusalem – die „Heilige Stadt“ …)
5. Kap.: Der bleibt am Leben (Das Ende der Tempelritter / Der Tempelritter – zwischen Glauben und Loyalität …)
6. Kap.: Der Schlüssel zur Wahrheit (Saladin – grausamer Herrscher und Wohltäter in Not / Das Leben ist wie ein Schachspiel / Verschieden und doch Freunde …)
7. Kap.: Juden haben mit Christen nichts zu tun (Aus Gegnern werden Freunde / Von der Kraft der Worte …)
8. Kap.: Träume sind Schäume (Kindheitserinnerungen / Vom Mädchen zur Frau …)
9. Kap.: Frauen widersetzen sich nicht (Die Frau an der Seite des Sultans / Friedensverhandlungen …)
10. Kap.: Saladin muss gestürzt werden (Verschwörung im Palast / Religiöser Fanatismus …)
11. Kap.: Einer wie du (Ungeliebter, verstoßener Junge / Zum Handeln gezwungen …)
12. Kap.. Welches ist der wahre Glaube? (Spiel mit dem Feuer / Zug um Zug zur Freundschaft …)
13. Kap.: Verrat an Nathan (Sehnsucht bricht die Dämme / Worte kann man nicht zurücknehmen …)

14. Kap.: Zwischen Glaube und Vernunft (Wahrheit oder Lüge / Im Sog der Verwirrung …)
15. Kap.: Zwei Namen und Religionen gehen nicht (Ich gehöre zu Elijahu / Geschems Entscheidung …)
16. Kap.: Fünf Worte (Die Wahrheit / Enthüllungen und ihre Folgen …)
17. Kap.: Nathans Ermordung
18. Kap.: Das Leben geht weiter (Die Zukunft erwächst aus der Vergangenheit / Nathans Vermächtnis …)

Es ist auch denkbar, dass Zitate als Kapitelüberschriften verwendet werden.

Einbezug SH 15–21

Die Aufträge auf den Seiten 15–21 des Schülerheftes werden vor dem Beginn der häuslichen Lektüre kurz besprochen, damit die Schüler wissen, worauf sie den Fokus während der Lektüre legen müssen:

- S. 15–18: Hier verschaffen sich die Schüler einen Überblick über die Bedeutung der Stadt Jerusalem (aus der Perspektive der Figuren, anhand von Landschaftsbeschreibungen …).
- S. 19: Die Schüler beschäftigen sich bereits mit den zentralen Fragestellungen im Roman.
- S. 20–21: Im Mittelpunkt der Betrachtungen stehen die Figuren, zum Teil auch ihre Beziehungen zueinander, was den Schülern später bei der Erstellung der Figurenkonstellation helfen wird.

Es ist durchaus möglich, für diese Schülerheftseiten nach der Lektüre Lösungsblätter zur Verfügung zu stellen, damit alle Schüler ihre Informationen vergleichen sowie eventuelle Fragen stellen können. Im Unterrichtsgespräch kann so eine relativ zügige Auswertung vorgenommen werden. Etwas mehr Zeit in Anspruch nehmen wird die Auswertung der Seiten zur Stadt Jerusalem. Am besten lässt man die Doppelseite 16/17 im Zimmer auslegen, sodass sich alle die Ergebnisse der Mitschüler auch anschauen können. Im Gespräch findet dann ein Austausch über die Informationen zur Stadt Jerusalem statt.

SH 15

Das „Heilige Land" – ein Land der Barbarei und des Todes?

Tempelritter	• Grausamkeit und Gewalt allgegenwärtig • Hass und Intoleranz begegnen ihm selbst im Patriarchen • ein Menschenleben ist sehr wenig wert • wurde gemeinsam mit seinem Freund Helmfried vor Tebnin von Saladins Truppen gefangen genommen • Helmfried wurde wie alle anderen geköpft und irgendwo verscharrt • sein letztes Lächeln galt ihm und er bekommt es nicht mehr aus dem Kopf • wurde von Saladin verschont
Daja	• vermutlich zog sie zwischen 1174 und 1178 mit den Kreuzfahrern nach Jerusalem: verelendet, und verzweifelt kamen die wenigen Überlebenden an • ihre Flucht weg von zu Hause und von ihrer bigottischen Großmutter endete katastrophal • Gisbert in einem Hinterhalt vor den Mauern Jerusalems getötet • in einem fremden Land unter fremden Menschen, ohne Schutz
Nathan	• seine gesamte Familie von Christen getötet (verbrannt) • erlebt selbst Anfeindungen Andersgläubiger • muss als Jude vorsichtig sein
Recha	• wurde als Säugling auf Wunsch ihrer christlichen Mutter durch einen Klosterbruder zu Nathan gebracht • überlebt einen Brand • sieht Bettler in den Straßen der Stadt • nimmt ihre geliebte Heimat nun auch als bedrohlich wahr
Geschem	• ist durch einen Brand traumatisiert • wäre fast in den Straßen der Stadt gestorben • nur durch Elijahu und Nathan konnte er überleben
Saladin	• verlor seinen geliebten Bruder Assad im Kampf (verschollen) • ist selbst für Grausamkeit verantwortlich (Hinrichtung der Tempelritter) • muss als Herrscher der muslimischen Welt gegen Kreuzritter kämpfen
Sittah	• verlor ihren Ehemann im Kampf • soll für Friedensvertrag ‚geopfert' werden
Abu Hassan	• religiöser Fanatiker, der die Juden aus Jerusalem treiben möchte; verlor seinen älteren Bruder • Kampf als einziges Mittel zur Austragung von Konflikten • „Heiliger Krieg" gegen die Christen

Die religiöse Bedeutung Jerusalems

SH 16/17

Die Fülle an Informationen über Jerusalem, die recherchiert werden können, ist schier unendlich. Mit den Schülern soll jedoch nur ein Einblick in die wichtigsten Stätten, deren Bedeutung und die Ursache für Besitz- und Machtansprüche, die bis zum heutigen Tag teils mit Gewalt durchgesetzt werden, entwickelt werden.
Erste Informationen haben sich die Schüler bereits im Vorfeld der Lektüre erarbeitet (SH S. 4). Diese können hier mit eingefügt werden. Des Weiteren zeigt die Grafik die Einteilung der Altstadt in religiöse Viertel, die auch heute noch so bestehen.

Im Roman tauchen viele Beschreibungen dieser Stätten oder Stadtteile aus Sicht der Figuren auf, die die Schüler hier festhalten können, z. B.:

Jerusalem und die Christen

- S. 123:
  - Kultstätte, auf die sie nie verzichten werden (Richard Löwenherz), und wenn sie sich bis zum letzten Mann dafür schlagen müssen
  - Kreuz, an dem Jesus Christus starb, von unschätzbarem Wert

Jerusalem und die Muslime

- S. 123:
  - noch wichtiger als für die Christen
  - Prophet hat dorthin wunderbare nächtliche Reise unternommen
  - alle Muslime werden am Tag des Jüngsten Gerichts dort versammelt sein
  - Kreuz als Druckmittel gegen die Christen

Jerusalem und die Juden

- S. 137:
  - die Juden gehören nach einer frühen Offenbarung Allahs zu den ‚Völkern des Buches'

Grabeskirche

- S. 63–65:
  - Via Dolorosa (von den Christen so genannt) führt zur Grabeskirche (ein Heiligtum der Christen)
  - eingeklemmt in ein Gewirr aus Kapellen und anderen Gebäuden
  - Pilger werfen sich vor der Kirche in den Staub und küssen die Erde
  - im Innern dämmrig, Abbild des Gekreuzigten, schwerer Weihrauchduft
  - unter dem offenen Dach der ursprünglichen Kirche steht das Grabmal von Jesus Christus

Kidrontal

- S. 74:
  - berühmte Kirche mit dem Grab der Mutter Gottes
  - gegenüber liegt der Garten Gethsemane

Ölberg

- S. 145:
  - hier nächtigte Jesus vor seiner Kreuzigung
  - Blick über die ganze Altstadt

SH 18

„Sogar die Natur hat hier etwas Gewaltiges"

Die Untersuchung von Naturbeschreibungen rundet die Arbeit zum „Heiligen Land", zur „Heiligen Stadt Jerusalem" ab.
Diese Aufgabe ergänzt auch die Untersuchung der Erzählweise Mirjam Presslers, die in vielen sinnlichen Passagen Jerusalem, den Markt, die Landschaft und die Wahrnehmung dieser in den Empfindungen der Romanfiguren spiegelt. Dadurch entstehen Anschaulichkeit und Sensibilisierung. Auch die Befindlichkeit der Figuren wird sichtbar, da deren Wahrnehmung desselben Ortes sich durch die Ereignisse verändert. Gerade solche Passagen sollten vorgelesen und in ihrer Intensivität erfahren werden.

„Wieder heulten unten im Tal die Schakale. Es klang so unheimlich durch die Nacht wie das Weinen toter Seelen." (S. 74/4–5)

Tempelritter

verzweifelt, in Erinnerung an seinen toten Gefährten Helmfried; nach Rechas Rettung aufgewühlt; seines Lebens überdrüssig

„Meine Gedanken flossen ineinander, wie Bilder vor meinen Augen, Bilder, die ich, da war ich mir sicher, nie vergessen würde, Bilder von Felsen, Kakteen am Wegrand, vom schimmernden Band des Salzmeers […]" (S. 197/16–20)

Geschem

stolz, dass er mit nach Jericho reisen darf; sieht zum ersten Mal auch etwas vom Land; fühlt sich sicher in Elijahus Nähe, empfindet seine Zugehörigkeit befreiend

Im Kidrontal: „Aus einem zackigen Riss in der Erde ragte ein Grashalm […] Mit gemeinsamer Anstrengung zerrten sie [Ameisen] ihn heraus und schleppten ihn zu ihrem Bau […]" (S. 209/11–15)

Recha

flieht vor Daja; ist wütend auf sie, obwohl sie nur die Wahrheit gesagt hat; weiß nicht, wo sie hingehört; verwirrt; scheinbar entwurzelt; symbolische Bedrohung

„Schon immer liebte ich den Markt, […] Ich liebe die Gerüche, […] berauschen wie Wein. […] Nichts bestärkt mich so sehr in der Überzeugung, in einer guten Welt zu leben, wie ein Gang zum Markt." (S. 168/20–169/5)

Daja

Markterlebnis beschwingt sie, lässt sie ihr Leben genießen; macht sie mutig, übermütig; lässt sie den Verrat begehen; der „Teufel" verführt sie, wie ihre Großmutter dies nannte

„[…] traf ich ein paar Knaben. Sie hatten einen Hund […] an einem Baum festgebunden und bewarfen ihn mit Steinen." (S. 188/15–17)

Tempelritter

im Zwiespalt zwischen seinen Gedanken zu Nathan und der Tatsache, dass er nicht Rechas Vater ist; hilflos und kraftlos; in seinen Glaubensfesten erschüttert

Tipp: Zu beinahe jeder der erzählenden Figuren lassen sich konträre Wahrnehmungen der Natur und der Umgebung darstellen. So empfindet z. B. Recha den Markt oder das Kidrontal je nach Stimmungslage völlig unterschiedlich. Diese werden auf Karten festgehalten und nebeneinander auf eine Pinnwand angebracht.

Während der Lektüre – Wichtige Fragen und Entwicklungen

SH 19/20

SH 19

1. Diese Fragestellungen können am Ende des Romans den Ausgangspunkt für die Zusammenfassung, den Transfer bilden. Bei der Auswertung dieser Seite bietet es sich an, dass zunächst zwei oder drei Schüler sich über ihre Notizen austauschen. Daraus können sich weitere Fragen ergeben. Ermutigen Sie die Schüler, im Roman Geschriebenes zu hinterfragen, vor allem, wie eine Person zu einer Meinungsänderung kommt.

Welche Figuren handeln aus deiner Sicht menschlich? Was tun sie?

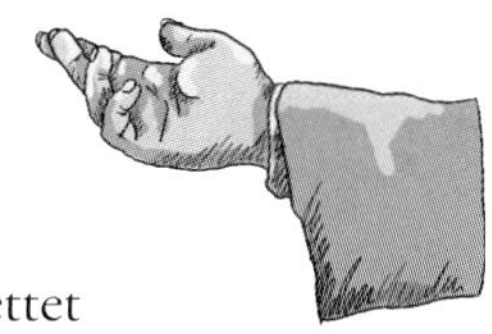

Z. B.:
- Nathan, indem er ein fremdes Kind bei sich aufnimmt
- Nathan, indem er Daja bei sich aufnimmt
- Elijahu, indem er Geschem rettet und sich auch um ihn kümmert
- der Tempelritter, indem er Recha ohne Gedanken an sein eigenes Leben rettet

Es könnte die Frage auftauchen, ob auch Saladin menschlich gehandelt hat, als er den Tempelritter begnadigte – alle anderen jedoch brutal köpfen ließ.

Halte fest, welche Figuren Freunde sind oder es im Verlauf der Handlung werden. Wodurch werden sie zu Freunden?

- Al-Hafi und Nathan: schon lange Freunde trotz unterschiedlicher Religion und Stellung; lieben das Menschliche am anderen
- Nathan und der Tempelritter: werden Freunde, nachdem Nathan dem Tempelritter die Augen öffnete und eine gemeinsame Vorstellung von der Welt entwickelt, indem nur die Menschlichkeit zählt und die Religion keine Schranke, sondern eine Brücke bildet
- Nathan und Saladin: werden Freunde, nachdem Saladin Nathan auf die Probe stellt und Nathan seine Weisheit zeigt, indem er keine Religion in den Vordergrund stellt, sondern die Vernunft und menschliches Handeln
- Saladin und der Tempelritter: ob man von Freundschaft sprechen kann, ist nicht sicher, aber es entwickeln sich ‚Familienbande', der Tempelritter erhält ein neues Zuhause, vielleicht sogar sein erstes wirkliches

Von wem werden die Begriffe „Hass", „Gewalt" und „Rache" ausgesprochen oder gedacht? In welchem Zusammenhang passiert das?

Z. B.:
- Tempelritter (Gewalt): als er vom „Heiligen Land" spricht
- Nathan (Hass, Rache): als seine Familie getötet wurde
- Abu Hassan (Hass): als er über Juden und über Christen spricht
- Saladin (Rache, Gewalt): als er die Tempelritter auslöscht
- Daja (Gewalt): als Gisbert von den „Ungläubigen" getötet wird – im „Heiligen Land"

SH 20

2. Die Parallelen zwischen einzelnen Figuren werden erst im Gesamtüberblick abschließend erarbeitet. Aber bereits während des Lesens fallen Gemeinsamkeiten von Figuren auf, die später in der vertiefenden Erschließungsphase thematisiert werden. Auch für die Figurenkonstellation kann diese Aufgabe verwendet werden.

Geschem und Recha:	– beide ohne leibliche Eltern, beide ‚kamen' durch andere in Nathans Haus; Opfer der Kriegshandlungen
Geschem und der Tempelritter:	– beides Außenseiter, wachsen beide ohne elterliche Liebe auf
Daja und Recha:	– beide Christinnen, beide nicht bei leiblichen Eltern aufgewachsen
Elijahu und der Tempelritter:	– tun beide Gutes, blicken achtungsvoll auf Nathan, stehen in Diensten
Al-Hafi und Abu Hassan:	– beide Muslime, beide Bedienstete des Sultans
Nathan und der Tempelritter:	– der Tempelritter nähert sich der Vorstellung Nathans von einer künftigen Welt, er erkennt seine religiöse Verblendung gegenüber Juden und Muslimen

Diese Parallelen ergeben sich aus der Romanhandlung. Trotz der Gemeinsamkeiten bleiben Unterschiede: Recha widerspricht zum Beispiel dem Tempelritter, als er meint, beide seien ohne Vater.

3. Zur Inhaltssicherung werden auch kleinere Schreibaufgaben genutzt. Es ist zu empfehlen, in Vorbereitung der Schreibaufgabe eine Stoffsammlung in Form einer Mindmap anzulegen. Anhand derer können die Schüler ihre Ideen sammeln und ordnen. Das Formulieren von Übergängen, Gedankengängen und rhetorischen Fragen wird dadurch erleichtert.

   „Ich hatte mich vom Wind treiben lassen wie ein Blatt, das jemand achtlos vom Baum gerissen hat." (S. 68/2–3)

So denkt der Tempelritter nach der Errettung Rechas über seine Situation. Er merkt, dass er dem Patriarchen – was seine eigentliche Absicht gewesen ist – heute nicht mehr begegnen möchte. Hinter diesen Gedanken verstecken sich das bisherige Leben des Tempelritters sowie seine Beweggründe, nach Jerusalem zu kommen.
Lies noch einmal S. 67 bis 85 und deute diesen Ausspruch. Erstelle hierzu zunächst eine Mindmap und formuliere anschließend die Gedanken des Tempelritters als **inneren Monolog** aus seiner Sicht.

Ein Blatt, das jemand achtlos vom Baum gerissen hat

- Familiengeschichte/Kindheit
- beim Onkel (Konrad von Stauffen) aufgewachsen im Glauben, er wäre sein Sohn
- verkannt und ausgelacht
- ungeliebt
- Curd von Stauffen ist jetzt ‚tot'
- vielleicht wird er jetzt zu Leu von Filnek
- im Moment ist er sich selbst fremd
- alles war anders, als er es sich erhofft hatte

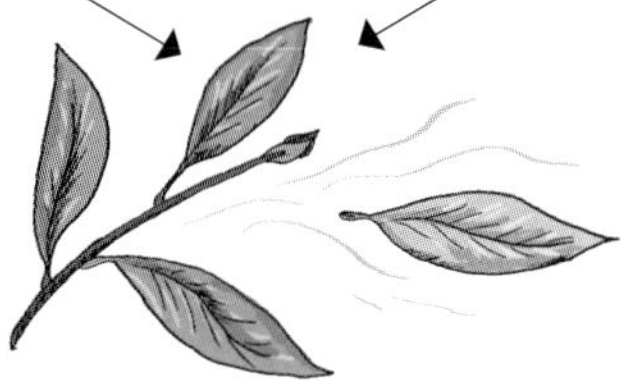

Vom Wind treiben lassen

- Beweggründe, am Kreuzzug teilzunehmen
- die Heimat verlassen, um Großes zu tun, um seinem Vater – der er nicht war – um zu beweisen, was wirklich in ihm steckt
- sein Leben bedeutet ihm nichts mehr

„Einer wie du ..."

- ein namenloser Ritter, der nicht wusste, wer er war und wohin er gehörte (S. 76)
- er schämt sich, weil er als Einziger der Tempelritter verschont wurde
- ist anders als die Menschen um ihn herum
- vom Patriarchen so genannt, vom Stallknecht auf Burg Stauffen so genannt
- pflichtbewusster Ritter und Templer
- hat im Auge des Patriarchen kein Gewissen und kann somit Saladin ausspionieren

Situation des Tempelritters:

- aufgewühlt
- ziellos
- möchte seine Gedanken verdrängen
- ihn quälen die Erinnerungen an seinen Freund Helmfried
- lebensmüde, war bereit, bei der Rettung Rechas sein eigenes Leben zu verlieren

Nathan, den man „den Weisen" nennt

SH 21

Die zentrale Frage auch für Schüler sollte sich darum drehen, warum Nathan als „weise" bezeichnet wird. Genannt wird, bedeutet, er nennt sich selbst nicht so, sondern wird von anderen so betitelt. Selbst das zeugt schon von Weisheit, sich keinerlei Anmaßung zu bedienen. Deshalb kann er auch der Provokation Saladins in Ruhe entgegentreten.
Nathan durchläuft eine Veränderung, die sich aus seinen Erfahrungen ergibt und sich dadurch erklären lässt, dass er seinen Verstand über seine Gefühle stellt:

S. 45–48:

Nathans Gefühle, Haltung?

1174, Gath:

- Nathan verliert durch einen Anschlag der Christen (Kreuzfahrer) seine gesamte Familie – Frau, sieben Söhne, Bruder, Mägde und Knechte
- Schmerz und überwältigende Verzweiflung
- verflucht die Christen und schwört ihnen ewigen, unversöhnlichen Hass und blutige Rache
- wird so ruhig, dass man glaubte, sein Geist habe den Körper verlassen

Recha kommt ins Haus

- nach den sieben Trauertagen kommt Recha (als Säugling) ins Haus, von einem Klosterbruder abgegeben mit der Bitte der Mutter, das Kind Nathan zu übergeben
- Nathan nimmt sie auf den Arm und weint – sieht das als ein Zeichen Gottes, der ihm ein ‚neues' Kind gebracht hat; er gibt ihr den Namen, den seine ermordete Frau ihrer ersten Tochter geben wollte
- Nathan zieht daraufhin nach Jerusalem

Wie verändert sich Nathan?

- Nathan spricht nicht mehr von Rache, sondern von Vernunft und Liebe zu anderen Menschen
- er versucht, seine Gefühle zu kontrollieren

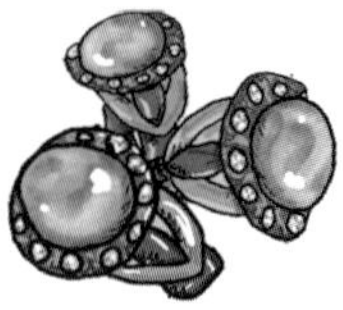

Nathan wird von ihnen als „weise" bezeichnet, weil ...:

Jeled – Geschem:
- schenkt ihm einen Namen, auch wenn er nicht sein Vater ist
- lässt Geschem den Namen selbst aussuchen, also unabhängig von der Religion
- Geschem sagt, dass die Leute Nathan „den Weisen" nennen (S. 23)

Sultan Saladin:
- weiß, dass das Volk Nathan so nennt und ergründet, ob das stimmt
- will ihn, den Juden, mit der Frage nach der wahren Religion provozieren – Nathan beweist Weisheit, indem er das Gleichnis von den drei Ringen anführt
- Nathan spielt Saladin den Ball zu, indem er ihn als den vielleicht weisen Richter benennt

Recha:
- er hat vielen Menschen geholfen, nicht nur mit Geld, sondern mit Aufmunterung, Zuwendung, Zuversicht und Rat
- er hat nur vom Gott der Liebe, nie vom Gott der Rache gesprochen
- war angesehen, viele kamen, um um ihn zu trauern
- hat sie geliebt wie sein eigen Fleisch und Blut
- lehrte sie Barmherzigkeit

Al-Hafi:
- lässt sich von Argumenten überzeugen, kann Fehler eingestehen
- macht Freundschaft nicht an Religionszugehörigkeit fest
- lässt sich nicht als „Schachfigur" missbrauchen, folgt seinem gesunden Menschenverstand

Tempelritter:
- Nathan kämpft in jeder Situation darum, die Vernunft siegen zu lassen, auch wenn ihm Kränkungen widerfahren
- stellt Taten über Worte, die vielleicht in einem unbedachten Moment oder im Zorn gesagt werden
- Nathan erklärt, dass Edelmut und Menschlichkeit nicht von der Religion abhängen, dass es in jedem Volk gute und ehrliche Menschen gibt, ebenso wie böse und grausame

Alle können bestätigen, dass man Nathan zu Recht „den Weisen" nennt. Er lebt dies vor.

Erarbeitungsphase III: Erschließung und Vertiefung — SH 22–48

Bei der vertiefenden Erschließung der Themen und Figuren ist eine arbeitsteilige Vorgehensweise möglich, sodass eine Gruppe sich z. B. zunächst mit Recha beschäftigt, die andere mit dem Tempelritter, im Anschluss werden die Ergebnisse ausgetauscht und die Aufzeichnungen vervollständigt. Ähnlich kann auch mit den Seiten 46 und 47 verfahren werden.
Der Großteil dieser Erarbeitungsphase erfolgt gemeinschaftlich im Unterricht, da immer wieder Reflexionsphasen und Unterrichtsgespräche eingefügt werden müssen, um das Verständnis zu sichern und Fragen diskutieren zu können.
In häuslicher Vorarbeit und in den Kleingruppen im Unterricht erfolgen die Vorarbeiten.

SH 22/23

Recha – eine Träumerin?

Die Erschließung der Figur ‚Recha' geschieht auf eine andere Art und Weise. Sie wird in ihrer Entwicklung dargestellt, und zentrale Fragen bezüglich ihrer Person werden anhand von Textstellen beleuchtet. Am Ende entsteht ein genaues Bild von Recha, das auch in einem Steckbrief seinen Niederschlag finden könnte.

1174:
- Recha wird von einem Klosterbruder bei Nathan in Gath abgegeben
- die Mutter ist tot, hat Nathan aber entweder gekannt oder von ihm gehört, und war sich sicher, ihm ihr Kind anvertrauen zu können
- Nathan nimmt Recha als seine Tochter an; er verschweigt ihr ihre Herkunft

1178:
- vier Jahre später wird Daja, die Christin, zu Rechas Kindermädchen, nachdem sie nach dem langen Kreuzzug kurz vor den Toren Jerusalems ihren Mann, somit ihren Lebensmut und ihren Schutz verloren hatte
- sie liebt Recha wie eine eigene Tochter

1192: So erlebt Recha ihre Rettung:

- sie denkt, dass Gott einen Engel geschickt hat, um sie zu retten

Für sie ist der Tempelritter ...

- ein Engel in weißem Gewand mit weißen Flügeln
- ergreifend in seiner Schönheit und Erhabenheit
- schließlich ihr Retter, den sie unbedingt wiedersehen will – sie versucht es zunächst an der Grabeskirche

Rechas Träume:

① (S. 55/9–16)

- Recha als namenloses Geschöpf – sie ist nicht Nathans Tochter, sondern ein namenloses Geschöpf, ohne Stand
- Was wird ihr die Zukunft bringen?
- verloren – und ziellos: sie hat eine Vorahnung der Veränderungen

② (S. 109/21–110/21)

- alles verschwindet, löst sich auf – die Liebe zum Tempelritter erlischt: der Templer geht weg; ihr Vater stirbt
- ihre Identität wird aufgelöst, sie ist sich fremd
- Daja wird als Kindermädchen nicht mehr gebraucht, ihre Aufgabe ist erfüllt
- Recha wird erwachsen; ihre Freundin Lea muss sich um ihre eigene Familie kümmern und kann ihr keinen Rat geben

Kapitel 16:

- Recha fühlt sich allein, kann sich Daja nicht mehr anvertrauen, ist von Daja enttäuscht.
- Sie stellt sich die Frage, wer sie eigentlich ist.
- Sie ist verletzt, dass Nathan ihr ihre wahre Herkunft verschwiegen hatte.
- Sie stellt sich Fragen über ihre Mutter und zieht in Zweifel, dass alles stimmt, was Daja gesagt hatte.
- Der Tempelritter wollte sie nur als Christin – kann man dann von Liebe sprechen?

Ergebnisse aus dem AB ‚Recha und Geschem' von SH 43:

- Geschem öffnet ihr die Augen und lässt sie verstehen, was Nathan Gutes an ihr getan hat.
- Er hat sich gefunden, seine Zugehörigkeit zum Hause Nathans, zu seinem Namen und seiner Religion.
- Sie spricht sich mit Nathan noch aus, er vermittelt ihr, dass sie seine Tochter ist.
- Beide haben keine leiblichen Eltern, aber Recha dennoch einen Vater.
- Recha nimmt Geschem nun zum ersten Mal wahr – hatte sie ihn früher absichtlich links liegen gelassen?
- Geschem gehörte nirgendwo dazu, Recha aber hat ein Zuhause, einen Vater, der sie liebt.
- Es erscheint auch egal, ob ein Christ oder ein Jude einen großzieht, wichtig ist nur, dass man geliebt wird und sich geborgen fühlen kann.
- Geschem erinnert sie daran, dass sie dankbar sein sollte, von Anfang an in Nathans Haus gelebt zu haben, er lässt sie spüren, dass sie größeres Glück hatte als er.
- Sein Beispiel zeigt ihr, was ihr alles erspart geblieben ist.

Rechas erster Traum hat sich insofern bewahrheitet, dass sie kurzzeitig ihrer Wurzeln enthoben wurde, ihren Namen, ihre Religion zu verlieren schien, sie ist und bleibt Nathans Tochter. Sie lebt auch ihren jüdischen Glauben weiter. Vom Tempelritter hat sie sich entfremdet. Aus der Träumerin, die an Engel glaubte, wird eine Realistin.

Kapitel 16 – Was wird aus Rechas Verliebtsein in den Tempelritter?

- Sie zweifelt an seiner Liebe, als sie erfährt, dass Dajas Beweggrund für den Verrat darauf zurückzuführen ist, dass der Tempelritter nur eine Christin heiraten will.
- Er ist ihr als muslimischer Prinz fremd geworden, ihr Herz zieht sich bei seinem Anblick zusammen.
- Ihre Gefühle sind erkaltet, sie möchte lieber allein sein.
- Sie erinnert sich nicht mehr an ihn als ihren starken Retter, sondern als Gesprächspartner des Vaters.
- Er redet von Rache, was Recha überhaupt nicht hören will.
- Nicht er, sondern al-Hafi ist es, der sie tröstet und dem sie sich in ihrer Trauer am nächsten fühlt.
- Er spricht auch nicht mehr von Liebe, sondern gesteht ihr, dass er sich schuldig am Tod Nathans fühlt.
- Was sie beide in seinen Augen verbindet, ist, dass sie verlassene, elternlose Kinder sind. Recha widerspricht dem, denn sie hatte einen Vater, der sie liebte.
- Sie hat Mitleid mit ihm, ihre Wege trennen sich.

Rechas Zukunft:

- Sie führt das Haus Nathans weiter und somit auch seine Geschäfte.
- Sie wird heiraten und ihren ersten Sohn Nathan nennen.
- Sie will dafür sorgen, dass Nathan, vor allem seine Barmherzigkeit und seine Gedanken, in seinen Kindern und Kindeskindern weiterleben.

Rechas Entwicklung anhand von Charaktereigenschaften:
unbeschwert – unschuldig – verliebt – geborgen / behütet – träumerisch – schwärmerisch – einsam – zweifelnd – dankbar / demütig – stark – selbstbewusst

SH 24

Der Tempelritter – ein Auszug, um etwas zu beweisen

Auch der Tempelritter wird erschlossen, indem Motive für sein Handeln, seine Ideale und Vorstellungen sowie seine Verantwortung in bestimmten Situationen untersucht werden. Ebenso wie bei der Arbeit an Recha entsteht auch hier ein ziemlich genaues Bild der Figur, das in einem Steckbrief seinen Niederschlag finden könnte.
Während seiner ganzen Kindheit spürt der Tempelritter, *Curd* von *Stauffen*, dass er *anders* ist. Auch bekommt er es von verschiedenen Seiten gesagt: „*Einer* wie *du*". Die Wahrheit über seine *Herkunft*, die ihm sein Onkel, den er bis dahin als seinen *Vater* angesehen hatte, war schmerzlich, aber dennoch nicht ganz *unerwartet*. Sein leiblicher Vater sei schon vor seiner Geburt ins *Heilige Land* gezogen und seine Mutter sei ihm gefolgt. Sein richtiger Name ist *Leu* von *Filnek*, aber im ganzen Reich kenne man einen solchen Namen nicht. Diese Wahrheit stürzt ihn noch tiefer in die *Unsicherheit*, die ihn schon ein ganzes *Leben* lang begleitet hat. Wahrscheinlich war das auch der Grund, warum er sich so *leicht* dazu *verführen* ließ, sich den Kreuzfahrern anzuschließen. Er wollte weg von der *Burg* Stauffen, sein altes Leben *hinter sich* lassen und seine ‚Familie', in der er sich immer *fremd* gefühlt hatte.
Prediger zogen durchs Land und versprachen *Gottes* Lohn und irdische *Reichtümer*, wenn man bereit war, die Stadt *Gottes* und das *Grab* des Herrn zurückzuerobern. Wahrscheinlich wollte er sich und seiner ‚Familie' beweisen, dass einer wie er auch etwas *leisten* kann. Schließlich hatte man ihm immer gesagt, dass er sich weit mehr *anstrengen* muss, um *Anerkennung* zu erlangen. Helmfried, seinen Freund, lernte er auf dem *Kreuzzug* kennen, und er war es auch, der ihn zum *Tempelritter* machte.

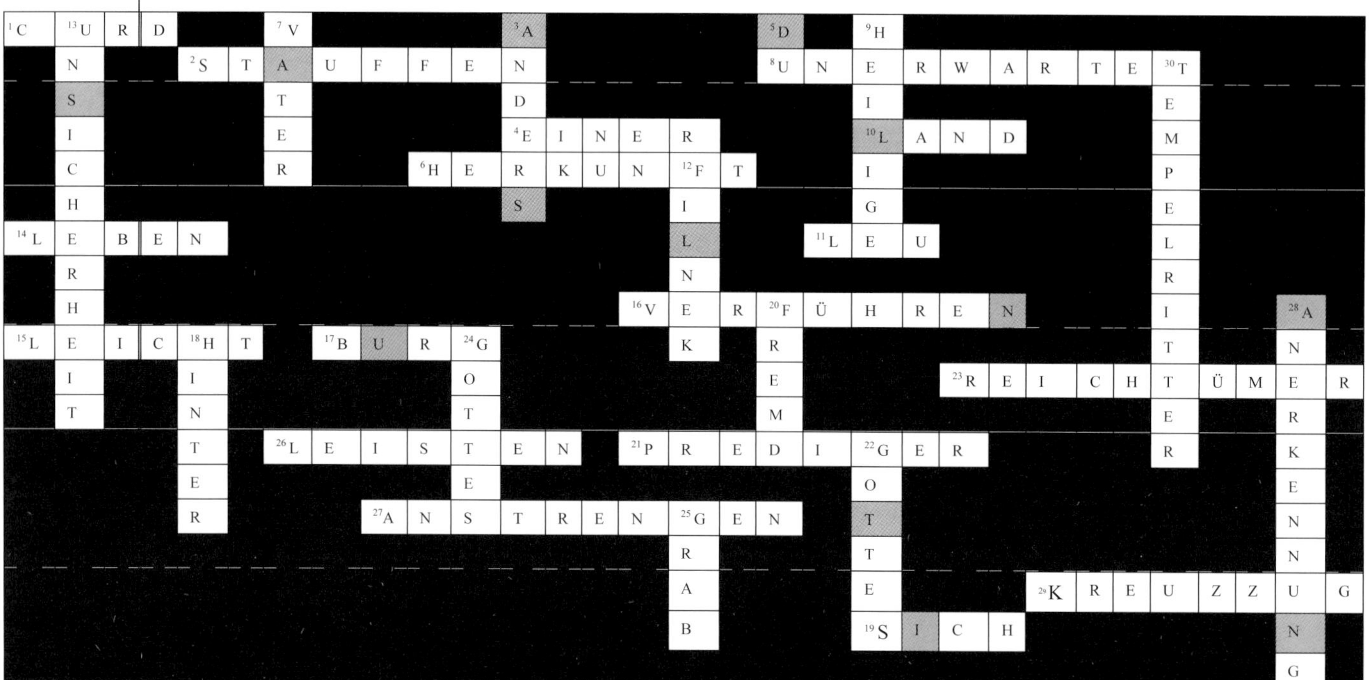

Lösungswort: Sultan Saladin

Der Sultan begnadigt den Tempelritter, weil er in ihm eine Ähnlichkeit mit seinem Bruder Assad sieht. Das könnte bedeuten, dass Leus Mutter mit Assad liiert war. Eine genaue Untersuchung des Textes könnte das allerdings wieder infrage stellen. Letztendlich aber lässt die Ähnlichkeit zu Saladins Bruder den Tempelritter überleben und ermöglicht somit die Rettung Rechas.
Der Lückentext stellt auch die Motive vieler Kreuzzugfahrer (vergl. Dajas Motive) beispielhaft vor.

Die Tempelritter – Männer Gottes

SH 25

Im Text klingt an mehreren Stellen an, was es bedeutet, ein Tempelritter zu sein.

Anforderungen an einen Templer	Aufgaben eines Templers
• Ritter • Gelübde der Keuschheit ablegen • Gelübde des Gehorsams ablegen • Gelübde der Armut ablegen • im Dienste Christi leben • weißen Mantel mit rotem Kreuz tragen	• das „Heilige Grab" beschützen • die Straßen nach Jerusalem gegen Überfälle von Räubern schützen • Pilger betreuen • helfen, Jerusalem endgültig in christliche Hand zu bekommen

Die Gedanken der beiden über den jeweils anderen eröffnen die Möglichkeit des Perspektivwechsels. Sie sollten folgende Aspekte beinhalten:

Der Tempelritter über den Patriarchen	Der Patriarch über den Tempelritter
• Leben in Saus und Braus • auf Krieg aus – will Friedensabkommen verhindern • drängt auf unbedingten Gehorsam – leistet er ihn auch? • Dankbarkeit für eine gute Tat ist doch ‚Christenpflicht' • er will mit Intrige und Gewalt christliche Ideale durchsetzen .... • er ist völlig intolerant, kennt nur ‚seine Religion' ...	• leicht beeinflussbar • hat keinen Rückhalt aus seiner Familie • kleiner dummer Junge • erlaubt sich, meinen Anweisungen zu widersetzen • muss ihm das Gefühl geben, wichtig zu sein • er wird mein Werkzeug, er kann sich frei bewegen ...., spionieren

Die Figurenkonstellation im Schülerheft (S. 28–29) enthält Vorschläge zur Entwicklung und zur Gestaltung.
Es ist von Vorteil, einzelne Beziehungen und Entwicklungen herauszunehmen und für sich zu betrachten. Diesen Weg gehen wir wiederholt. Das Symbol verweist darauf.

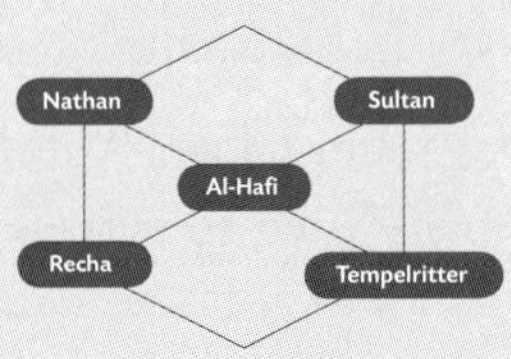

Die Beziehungen zwischen dem Tempelritter und dem Patriarchen können so ergänzt und beschriftet werden:

- missachtet christliche Gebote
- intolerant, Fanatiker

„Einer wie du"

SH 26

Die Schüler sollen zunächst nur herausfinden, was dieser Ausspruch im Allgemeinen bedeutet:

- etwas Besonderes (im positiven oder auch negativen Sinn)
- drückt Zugehörigkeit zu einer Gruppe / Minderheit aus
- es gibt noch weitere dieser ‚Sorte'
- mindestens ein Herausstellungsmerkmal
- von der Norm abweichend

Drei weitere Figuren bekommen das zwar nie gesagt, aber dennoch haben auch sie eine Besonderheit / ein Herausstellungsmerkmal, das sie von anderen unterscheidet. Im Untersuchen dieser Besonderheiten entdecken die Schüler auch Gemeinsamkeiten.

Tempelritter	Daja	Geschem	Recha
• zum ersten Mal hört er es vom Stallburschen, dann immer wieder von verschiedenen Leuten (sein Onkel, der Patriarch ...) • fünftes Rad am Wagen • von der Mutter im Stich gelassen • wächst elternlos auf • vom Onkel ohne Liebe, aber in Wohlstand großgezogen • ein Christ, der unvorbereitet Tempelritter wird • ein Tempelritter, der als Einziger verschont wird • ein Christ, der zum muslimischen Prinzen wird • ein Christ, der Freundschaft mit einem Juden schließt	• schließt sich den Kreuzfahrern an • wächst bei der Großmutter auf – elternlos • landet verzweifelt auf der Straße • von Nathan aufgenommen • eine Christin, die in einem jüdischen Haus lebt • Mann durch Krieg verloren • die ihren Wohltäter verrät	• ohne Namen – bekommt einen geschenkt • ohne Glauben, kann sich seine Religion aussuchen • fast auf der Straße gestorben • von Elijahu gerettet, von Nathan aufgenommen • elternlos, Waisenkind • ohne Liebe aufgewachsen • hat Jerusalem als grausame Stadt erlebt • hat einen Brand überlebt	• Waisenkind • aufgenommen von Nathan • Jüdin, die eigentlich Christin ist • wächst behütet und mit Liebe auf • hat einen Brand überlebt
Das Gemeinsame: Sie ... • suchen ihre Identität • sind ohne leibliche Eltern aufgewachsen • haben Nathan viel zu verdanken • werden gezwungen, über Religionszugehörigkeit nachzudenken • an ihnen wurde eine gute Tat vollbracht			

SH 27

Der Schlüssel zur Wahrheit

Der Schlüssel zur Wahrheit besteht darin, einen Menschen, eine Beziehung, einen Konflikt von verschiedenen Seiten zu betrachten. ‚Die Wahrheit' gibt es nicht. Mirjam Pressler gestaltet im 6. Kapitel Lessings Toleranzbegriff, der darin besteht, sich anzustrengen, auch fremde Haltungen, Kulturen, Religionen und deren Bemühen anzuerkennen und diese auch zu übernehmen, um sich weiterzuentwickeln.

Zunächst einmal weist al-Hafi darauf hin, dass er den Sultan auch anders kennt, er kennt nicht nur den Herrscher, den Despoten, sondern auch den Knaben, die Entwicklung des starken und faszinierenden Jungen, der als Sultan ein Weltreich beherrscht und beherrschen muss.
Er kennt beide Seiten und weiß, dass man sich dem Sultan nicht entziehen kann – er sieht auch die Gefahr, die auf Nathan zukommt, da er über Sittah in das Machtzentrum und den Krieg der Religionen hineingezogen werden wird. Dem kann sich Nathan nicht entziehen. Er muss sich wappnen!
Daja versteht auf ihre Art al-Hafi, indem sie darauf hinweist, dass die gute Tat des Sultans, den Tempelritter zu begnadigen, zu einer zweiten führte, der Rettung Rechas durch denselben.

Nathan „der Weise" (!) fasst die Dialektik al-Hafis in ein menschliches Beispiel, das sie beide leben:
Jude, wohlhabend; und al-Hafi, Muslim, der einfach leben wollte; sind Menschen, egal welcher Unterschiede, Bindungen und Religion; sie sind Freunde, die sich beistehen.

Für Nathan ist Saladin ...

- berühmt für seine Grausamkeiten
- lässt Todesurteile vollziehen
- niemand, der bittet; er befiehlt
- Mittelpunkt der muslimischen Welt
- gefährlich

Deshalb fordert Nathan:
„»Von Saladin muss man sich fernhalten!«“

Al-Hafi kennt Sultan Saladin seit seiner Kindheit, er kennt auch seine anderen Seiten. (Auch Daja hat einen Einwand.)

- mildtätig, begnadigt den Tempelritter
- großzügig, aufrichtig
- geachtet von seinem Volk
- er ist verwandt mit ihm, ist mit ihm aufgewachsen
- starke innere Kraft, offenes Herz

Das Gemeinsame

Herrscher und Despot
Man kann sich Saladin nicht entziehen

Nathan versteht al-Hafis Worte:

Nathan	Unterschiede/ verschiedene Stellungen	Al-Hafi
Jude wohlhabender Mann		Muslim, einfach lebend Vetter des Sultans dessen Schatzmeister

Das Gemeinsame

Sie sind Menschen.
Sie sind Freunde.

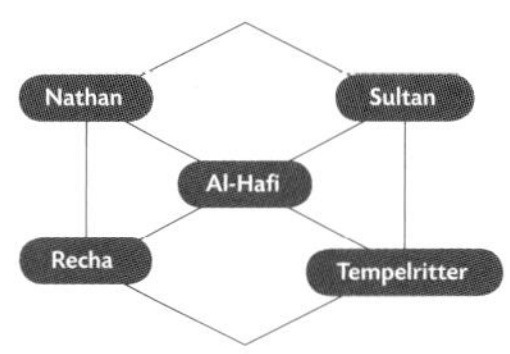

SH 28/29

Figurenkonstellation

Die Schüler sollten zunächst mit Kopien bzw. eigenen Figurennetzen beginnen. Das Austauschen über die Einträge und die Gestaltung ist wichtig, da dadurch die Inhalts- und Verständnissicherung unterstützt wird.

Anregung: eine Gruppe gestaltet die Figurenkonstellation auf einer großen Übersicht (Karton, Tapete) zunächst mit losen Figuren, die ausgelegt werden. So können ausprobiert werden.

Dazu können die Kopiervorlagen mit den Illustrationen, Symbolen und Figurenumrissen (S. 76–80) Verwendung finden.

Welche Gruppen ergeben sich (Nathans Haus) – Der Sultanspalast – der Patriarch?

Dazwischen stehen buchstäblich al-Hafi, aber auch der Tempelritter.

Wie ordnet man die Figuren so an, dass die Beziehungen (Nähe, Ferne) deutlich werden?
Wie können Entwicklungen ergänzt werden (z. B. Gegenpfeile, Text)?

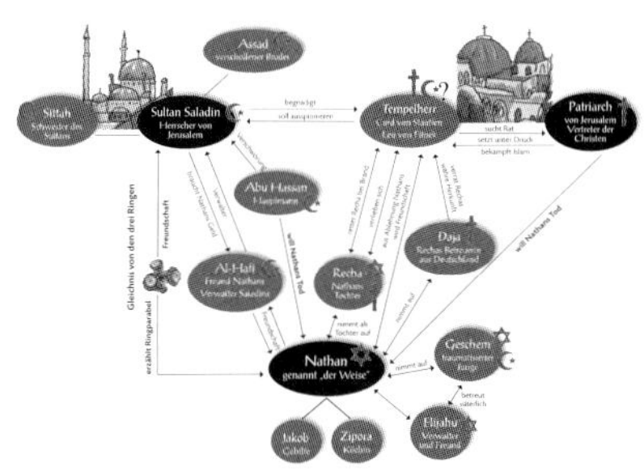

Können Überschneidungen vermieden werden?
Wichtig ist der Weg zum Ergebnis: der Austausch über verschiedene Darstellungen und Kommentierungen.

Unsere auf Seite 15 abgedruckte Lösung ist *ein Vorschlag*. Dabei haben wir mit viel Ausprobieren Überschneidungen von Linien und Beziehungssymbolen weitgehend vermeiden können.

SH 30

Al-Hafi: „»Das Leben ist wie ein Schachspiel«"

Nathans Freund al-Hafi ist nun Schatzmeister des Sultans, was Nathan ziemlich erschüttert. Dessen Erklärung verpackt al-Hafi in das Gleichnis mit dem Schachspiel.
In der Diskussion sollte zunächst der Ausgangspunkt dieses Gleichnisses zur Sprache kommen:

- Das Leben ist ein Spiel – also gibt es Gewinner und Verlierer.
- Das Leben ist ein Spiel – das kann man schon mal auf die leichte Schulter nehmen.
- Spiele haben oft auch mit Glück und Zufällen zu tun – lohnt es sich dann überhaupt, Pläne zu schmieden?
- Ein Spiel braucht mindestens zwei ‚Mannschaften' – wer ist der Gegenspieler und warum spielt er gegen mich?
- usw.

Al-Hafi wollte leben als Feueranbeter, in Abgeschiedenheit und Bedürfnislosigkeit, frei von weltlichem Streben, dem Gebet gewidmet; suchte Ruhe und Gelassenheit

Beziehung zu Nathan:
- Freunde
- unwichtig, welche Religion sie haben, nur der Mensch zählt
- sie vertrauen sich und schätzen einander

Nun ist er Schatzmeister des Sultans, seines Vetters, weil dieser ihn darum gebeten hat und man dem Herrscher keine Bitte abschlagen darf. Damit wurde er zu seiner Spielfigur.

Bedeutung des Glaubens:
- gläubiger Mensch
- ist überzeugt, dass es Allahs Wille war, wieder nach Jerusalem zurückzukehren

Saladin – König = der absolute Herrscher; ihm darf nichts passieren, sonst ist das Spiel verloren und die anderen Figuren gehen mit ihm unter; alle müssen ihm dienen, damit das Spiel am Laufen gehalten werden kann; alle tun das auch und schützen ihn

Sittah, seine Schwester – „Dame" = schützt den König, hat mehr Macht als die anderen Figuren und kann auch weitergehen als sie; Saladin liebt sie
- als sie al-Hafi bittet, Nathan um Geld zu fragen, weiß er, dass Nathan das ablehnen muss, denn er hilft nur Bedürftigen, die in Not sind, unterstützt aber keine Kriege
- aber man darf ihr keine Bitte abschlagen, denn schließlich hat sie auch Macht und kann Nathan schaden

SH 31

Sittah – die „Dame"

Die Bezeichnung „Dame" ist natürlich zweideutig: Zum einen ist Sittah eine Frau, deren Rechte genau definiert sind. Sie wurde verheiratet und muss auch nach dem Tod ihres Mannes zur Verfügung stehen, um den Interessen des Herrschers zu dienen. Zudem ist sie wohlerzogen und eine Schönheit, was ihren Einfluss natürlich nicht mindert. Zum anderen wird sie als „die mächtige Dame im Reich" beschrieben. Als „Schachfigur" im Machtspiel Saladins hat sie Einfluss. Sie ist über alle Entwicklungen in Jerusalem informiert und hat auch gewisse Freiheiten, so leistet sie sich unter den arabischen Würdenträgern einen Geliebten namens Machmud.
Sie dient als Ratgeberin und auch als Intrigantin. Bei einem eventuellen Friedensschluss mit den Kreuzrittern würde sie mit einem Engländer verheiratet werden, was sie nur bedingt bedrückt. Trotzdem ist sie erleichtert, als dieser Friedensschluss an den Engländern scheitert.
Sie bringt Saladin dazu, Nathan die Religionsfrage zu stellen.

Name: **Sittah**, Saladins Schwester, die „Dame“ im „Schachspiel“

Alter: ca. Mitte 20

Religion: Muslima

Wer mir am Herzen liegt und warum:
Saladin – fast wie eine Vaterfigur, liebt mich, ist mein engstes Familienband, er hört sich meine Meinung an; unser Verhältnis wird immer enger; er gibt mir das Gefühl, auch als Frau etwas wert zu sein; ich weiß immer, was er denkt

Meine schlimmsten Erinnerungen:
ohne mich zu fragen, wurde ich schon sehr jung mit einem Mann verheiratet, den ich nicht liebte, aber es diente der Machtsicherung; ebenso schlimm war es, als ich schon wenig später Witwe wurde

Meine Aufgaben/meine Stellung:
ich bin die Frau an der Seite des mächtigen Sultans; ich würde alles für ihn tun; er fragt mich um Rat; ich darf auch bei politischen Gesprächen anwesend sein; wenn ich kann, helfe ich ihm, z. B. versuche ich Geld zu beschaffen, weil unsere Kassen leer sind, daher habe ich al-Hafi aufgetragen, Nathan um Geld zu bitten

Was ich gerne ändern würde, wenn ich könnte:
Frauen dürfen sich ihren Mann selbst aussuchen

Die Auseinandersetzung mit Statements ist eigentlich eine Interpretationsaufgabe. Durch die Visualisierung mit den Kärtchen haben die Schüler die Möglichkeit, viele Argumente zu sichten und vor allem zu sortieren und gegebenenfalls auszutauschen. Die Ausdeutung der Argumente bzw. die umfangreichere Begründung kann im Plenum mithilfe der entstandenen Kärtchen und der daraus entwickelten Übersicht mündlich vorgenommen werden.

❶ Sittah hat Macht in Jerusalem und kann Einfluss auf die Politik ihres Bruders ausüben.

Statement	Pro	Kontra
Sittah hat Macht in Jerusalem und kann Einfluss auf die Politik ihres Bruders ausüben.	• sie hat Einblicke in die Machtabläufe und die Verhandlungen, kann sich eine Meinung bilden • man fürchtet sie, weil sie die Schwester des Sultans ist und diese beiden ein sehr enges Vertrauensverhältnis haben • sie gibt ihrem Bruder Ratschläge und entwickelt Ideen	• ist nur eine Frau, deren Aufgaben und Rechte damals klar definiert waren • die Entscheidungen trifft nur Saladin alleine
Saladin benutzt Sittah für die Verhandlungen mit Richard Löwenherz.	• Frauen sind ein Mittel, um Kompromisse zu schließen; sie sind Mittel zum Zweck (Heiratspolitik), die zur Sicherung des Friedens/der Macht dienen • sie wird zum Mittelpunkt eines Friedensangebotes, das Richard Löwenherz Saladin unterbreitet hat	• dennoch stellt er ihr in Aussicht, sie nach kurzer Zeit ‚zu erlösen‘
Sittah ist es als einziger Frau erlaubt, ihrem Bruder zu widersprechen, da sie eine sehr enge Bindung zu Saladin hat.	• zwar kann sie ihm Ratschläge erteilen, ihn auf Ungerechtigkeiten/Schwierigkeiten hinweisen, aber widersetzen darf sie sich ihm nicht	• sie darf ihm auf keinen Fall öffentlich widersprechen • die letztendlichen Entscheidungen trifft Saladin • auch Sittah darf ihre Grenzen nicht überschreiten
Sittah ist eine „Schachfigur“ in Saladins Spiel – die „Dame“, die ihn schützt.	• sie ist in seinem ‚Netz‘ gefangen, sie ist von ihm abhängig • er zieht die Fäden, sie hängt daran • sie hat keine eigene Entscheidungsfreiheit • er weiß um ihre Wirkung auf Männer und macht sich auch das zunutze	• Vorschlag, Nathan in den Palast und somit in eine Falle zu locken, kam von ihr • an Saladins Seite kann sie ihre eigene Machtstellung ausbauen

Sittah schickt al-Hafi zu seinem „reichen jüdischen Freund“ Nathan: „»Geh zu ihm, er soll dem Sultan Geld leihen, bis die Schiffe aus Ägypten kommen. Sage ihm, dass es sein Schade nicht sein wird, man wird ihn reich dafür belohnen.«“ (S. 98/12–18)

Sittah mag wohl eine „Schachfigur“ Saladins sein, aber sie hat die größten Befugnisse auf dem Spielfeld und lässt keinen Zweifel daran, dass sie in die Geschäfte ihres Bruders eingreifen kann. Sie weiß, dass sich niemand trauen wird, ihr Paroli zu bieten. Ihre ‚Bitte‘ ist demnach ein Befehl und eine Falle zugleich, in die sich Nathan zwangsläufig begeben muss.

SH 32

Abu Hassan

Bewerte die Aussagen. Richtig oder falsch? Kreuze an.	Richtig	Falsch
1) Abu Hassan ist als Hauptmann Saladin treu ergeben.		x
2) Er steht in Saladins Gunst, da er eine Verschwörung gegen Saladin aufgedeckt hat.		x
3) Er steht in Saladins Gunst, da er einen Angriff der Templer niederschlug.	x	
4) Er ist gläubiger Muslim, achtet jedoch Juden und Christen.		x
5) Er ist stolz darauf, im Kampf den Christen das echte Kreuz entrissen zu haben.	x	
6) Er wirft Saladin vor, bei der Eroberung von Akko die Christen verschont zu haben.	x	
7) Er hat seinen Bruder Achmed im Kampf verloren.	x	
8) Er setzte sich dafür ein, dass nach der Rückeroberung Jerusalems in 1187 die christlichen Kultstätten nicht aus Vergeltung zerstört wurden.		x
9) Er möchte mit anderen Hauptmännern und Würdenträgern im „Heiligen Krieg" die Christen auch aus ihren letzten Hochburgen wie Tyros vertreiben.	x	
10) Sein Bündnis möchte Saladin ablösen oder auch töten, um dessen ältesten Sohn an die Macht zu bringen.		x
11) Saladin soll durch dessen Bruder Melek al-Adel abgelöst werden.	x	

Richtigstellung der falschen Aussagen:	
1	• hat sich einer Gruppe angeschlossen (Hauptleute und hohe Würdenträger), die sich gegen Saladin verbündet haben • ist mit Saladins Regierung der Friedensverhandlungen und Toleranz nicht einverstanden
2	• er steht in Saladins Gunst, weil es ihm gelungen ist, den Angriff der Templer bei Tebnin niederzuschlagen und sie als Gefangene nach Jerusalem zu bringen
4	• er ist gläubiger, sogar fanatischer Muslim und achtet keine Andersgläubigen, da diese den Koran nicht anerkennen • Juden hasst er sogar, wie auch bereits sein Vater
8	• er wollte als Vergeltung die Grabeskirche zerstören, was der Sultan untersagte
10	• Saladins ältester Sohn ist in seinen Augen schwach und haltlos, dem Laster zugeneigt, dem Alkohol verfallen und hat nur Weiber im Kopf – daher muss verhindert werden, dass er nach Saladins Sturz an die Macht kommt • stattdessen favorisiert er Melek al-Adel, den jüngeren Bruder Saladins, der als ehrgeiziger und guter Kämpfer gilt, und von dem er glaubt, dass er seine fanatischen religiösen Vorstellungen teilt

In den Kapiteln 9 und 10 kommen die Politik und der Religions- und Machtkonflikt in den Blick. Abu Hassan ist das Pendant zum Patriarchen, intolerant, voller Hass – das Ergebnis ist die Weiterführung eines Krieges, der nur Opfer und Tote hinterlässt und das Land ruiniert.

In Kapitel 10 berichtet Sittah auch über die Begegnung mit den Kreuzfahrern und die Verhandlungen über einen Briefwechsel Richard Löwenherz' (Malek al-Inkitar) und Saladin. In diesem Briefwechsel (S. 123/4–25) machen beide deutlich, dass der Krieg von keiner Seite zu gewinnen ist und das Land ruiniert. Für Saladin ist es jedoch völlig ausgeschlossen, den Christen Jerusalem zu überlassen.

Es wäre interessant, im Unterrichtsgespräch einen ‚realistischeren‘ Vertrag einzubringen, der niemanden zwingt, seine Religion und seine Ansprüche aufzugeben.
Der historisch überlieferte Waffenstillstandsvertrag (s. SH 34) könnte dazu nach einem eigenen Vorschlag herangezogen werden.

SH 33–34

Die Kreuzzüge

Die Kreuzzüge werden im Roman aus verschiedenen Figurenperspektiven geschildert.
„»Zu jeder Wahrheit gehört ihr Gegenteil [...]«“, überzeugt al-Hafi seinen Freund Nathan: Der Schlüssel zur Wahrheit liegt im Erkennen der Gemeinsamkeiten: das muss bei der Bewertung der Ereignisse beachtet werden!

- Wer stellt was aus welcher Sicht, mit welcher Betroffenheit und Befangenheit dar?
  Daja über die Kreuzzüge – Abu Hassan über die Kreuzzüge
- Motive und Erwartungen der Christen für den Kreuzzug (Daja, der Tempelritter – der Patriarch von Jerusalem)
- Saladins Position

Immer wieder thematisiert Mirjam Pressler das Leiden und die Traumatisierung durch den Krieg. Dies wurde bereits im Schülerheft auf Seite 15 – „Das ‚Heilige Land‘ – ein Land der Barbarei und des Todes?“ untersucht. Alle leiden unter dem Krieg; Christen, Juden, Muslime werden zu Opfern; Hass und Fanatismus gibt es auf Seiten der Christen und Muslime, ebenso Machtstreben und Gewalt als Mittel, den eigenen Macht- und Herrschaftsbereich auszuweiten.
Sultan Saladin muss wie Richard Löwenherz eingestehen, dass der Krieg das Land ruiniert, aber auch, dass die „»Heilige Stadt [...] ebenso gut die unsere wie die eure«“ ist. (S. 123/20). Beide drohen zu scheitern, der historische Friedensvertrag ist die Konsequenz.

Auf den Seiten 32 und 33, die Illustrationen dazu befinden sich auf der Umschlagseite hinten außen, erhalten die Jugendlichen eine Übersicht über die Entstehung der Kreuzzüge, über wichtige Ereignisse, insbesondere solche, die im Roman erzählt werden (Akkon, Eroberung Jerusalems usw.).
Sie zeigen, dass sich Religion und Machtstreben vermischten, dass Fanatismus und Angst viele Menschen beeinflussten.
200 Jahre verblieben die Kreuzfahrer im „Heiligen Land“, Millionen Menschen kamen ums Leben. Die Beziehungen zwischen Christen und Muslimen wurden dadurch geprägt.

Dschihad – ein Reizbegriff voller Missverständnisse

„Kein anderer Begriff aus dem Umfeld der islamischen Kultur und Tradition ist so zum Reizwort geworden wie der Dschihad, nicht zuletzt, da ihn heutzutage einige islamistische Terrororganisationen im Namen führen. Im Allgemeinen wird das Wort, das an mehreren Stellen im Koran vorkommt, als ‚Heiliger Krieg‘ übersetzt. Aber die ursprüngliche Wortbedeutung hat nichts mit dem Schreckgespenst der westlichen Welt, blindwütigem Fanatismus oder gar Selbstmordattentätern zu tun.“

Georg Graffe, Begleitbuch zur Terra X-Serie *Aufbruch ins Morgenland – Weltreligion Islam: Geschichte, Kultur, Gesellschaft* aus dem Zabert Sandmann Verlag.
Quelle: http://terra-x.zdf.de/ZDFde/inhalt/25/0,1872,7588985,00.html

„[...] Der Dschihad bezeichnet – laut Koran – das ‚Bemühen auf dem Wege Gottes‘ oder ‚um Gottes Willen‘ (al-dschihad fi sabil allah). Mit diesem Bemühen ist im Koran vor allem der Kampf im Sinne einer kriegerischen Auseinandersetzung gemeint. Mohammed und seine Kämpfer werden dort als diejenigen bezeichnet, die sich ‚auf dem Wege Gottes mühen‘, und zwar indem sie kämpfen. [...] Allerdings diente in der islamischen Geschichte der Dschihad nicht der gewaltsamen Bekehrung zum Islam, sondern in erster Linie der Ausweitung des islamischen Herrschaftsgebietes. [...]
Niemals allerdings wurde dieser Krieg zur Ausweitung des islamischen Herrschaftsgebietes als etwas Heiliges gedacht. Nur in der Übersetzung von Dschihad als ‚Heiliger Krieg‘ kommt das Adjektiv heilig vor, im Arabischen wird der Begriff nicht in Kombination mit diesem Adjektiv verwendet – und zwar aus einem entscheidenden Grund: Laut islamischer Theologie kann nur Gott heilige Handlungen begehen, der Mensch nicht. Obschon es sich also beim Dschihad um einen Kampf ‚um Gottes Willen‘ handelt, ist es ein profaner Kampf, dem keinerlei Heiligkeit zukommt, gar nicht zukommen kann.
Ohnehin sollte sich die Definition von Dschihad im Laufe der Jahrhunderte wandeln. Das spätere islamische Recht verstand unter Dschihad nicht mehr die Pflicht zum Krieg, sondern das individuelle Bemühen darum, ein gottgefälliges Leben zu führen, beispielsweise nicht zu betrügen, nicht zu lügen oder einem Laster anzuhängen. Was genau das ‚Mühen auf dem Wege Gottes‘ ausmachte, war von Person zu Person verschieden, aber eben friedlich. [...]
Zur Unterscheidung zwischen dem friedlichen und dem kriegerischen Dschihad wird heute vom großen und dem kleinen Dschihad gesprochen. Nach gängiger Definition ist der große Dschihad ein individuelles oder auch kollektives Mühen, das mit Krieg nichts zu tun hat. Kriegerisch ist nur der kleine. Allerdings bezeichnet er nur einen Krieg zur Verteidigung, denn nach Auffassung der meisten Gelehrten der Neuzeit darf der Dschihad als Angriffskrieg nur zu Lebzeiten des Propheten geführt werden. Außerdem darf er sich auf keinen Fall gegen unschuldige Frauen und Kinder richten. [...]“

Katajun Amirpur, „Kleiner, großer Dschihad“, in: Das Parlament Nr. 3–4 vom 18./25. Januar 2002.
Quelle: http://www.bpb.de/publikationen/ZFTQZH,0,Politischer_Islam_im_20_Jahrhundert.html

Im August 2011 strahlte das ZDF eine fünfteilige Reihe „Der Heilige Krieg" aus. Dazu ist auch ein Begleitbuch erhältlich:

G. Knopp, St. Brauburger, P. Arens: *Der Heilige Krieg.* München 2011.

www

Die fünf Sendungen (und einige andere zum Thema) stehen online bereit: **www.terra-x.zdf.de**
In die Suchmaske „Kreuzzüge" eingeben.

Sie erhalten eine Übersicht über die verfügbaren Medien, die aufgeführten Videobeiträge können gestartet werden. Darunter steht auch die Reihe „Der Heilige Krieg" mit Teil 2 – „Kreuzzug nach Jerusalem" bereit.
Zu diesem und anderen Beiträgen können ergänzend Lehrermaterialien heruntergeladen werden.
(Stand: 3.12.2011)

Die gesamte Reihe ist auch auf DVD erschienen:

„Der Heilige Krieg" (5 DVDs im Schuber)

- Regisseur(e): Martin Carazo Mendez; Format: PAL; Sprache: Deutsch
- Anzahl Disks: 5; FSK: Ohne Altersbeschränkung
- Studio: Komplett-Media; Produktionsjahr: 2011; Spieldauer: 225 Minuten

Der „Heilige Krieg"

Religionen wie Christentum und Islam verheißen Erlösung und Frieden, trotzdem wurden in ihrem Namen immer wieder Kriege geführt.
Der „Dschihad" muslimischer Heere gegen die „Ungläubigen" hat sich ebenso in das Gedächtnis der Nachwelt eingebrannt wie die „Kreuzzüge" christlicher Ritter. Auf beiden Seiten wurde im Lauf der Jahrhunderte der Glaube für politische Zwecke missbraucht. Auch die islamistischen Terrororganisationen von heute mobilisieren die religiösen Gefühle ihrer Kämpfer.
Die fünfteilige DVD-Dokumentarreihe reflektiert die Ursprünge sogenannter „Heiliger Kriege" – von den Eroberungszügen islamischer Heere, über die Kreuzzüge im Mittelalter, die Abwehr der Türken vor Wien, den Kämpfen im Zeitalter des Kolonialismus bis zum Terrorismus der Gegenwart.
Die Filme zeigen in szenischen Rekonstruktionen und aufwändigen Computeranimationen die Schlüsselereignisse einer wechselvollen Geschichte. Sie beschreiben, was Orient und Okzident trennte, aber auch, was einte und welche Gemeinsamkeiten es im Kampf gegen den Extremismus heute gibt. Das Fazit heißt: Kein Krieg war je heilig!

Der DVD-Schuber und die Einzel-DVD können bei unserem Verlag bezogen werden.

Folge 1: Das Schwert des Propheten **Folge 2: Kreuzzug nach Jerusalem** **Folge 3: Die Türken vor Wien**
Folge 4: Dschihad für den Kaiser **Folge 5: Terror für den Glauben**

Unsere Best-Nr.: DVD-Paket „Der Heilige Krieg"

Der zweite Teil der Reihe ist auch als Einzel-DVD erhältlich. Diese behandelt die Eroberung Jerusalems:
„Der Heilige Krieg, Teil 2 – Kreuzzug nach Jerusalem", ca. 45 Min.

Der Begriff „Kreuzzug" hat in der islamischen Welt einen ähnlich negativen Klang wie das Wort „Dschihad" in der westlichen. Er wurde zum Synonym „Heiliger Kriege" der Christenheit. 400 Jahre nach der muslimischen Expansion in der Nachfolge Mohammeds holte Europa zum Gegenschlag aus. „Gott will es", lautete die Losung der Kreuzfahrer, die sich in Westeuropa sammelten. Die Befreiung des „Heiligen Landes" aus muslimischer Hand galt als Weg zum Erlass von Sündenstrafen. Doch die Motive der Kreuzzüge waren vielschichtig. Es ging nicht nur um das Seelenheil und „Bruderhilfe" für bedrohte Christen im Nahen Osten, sondern auch um die Macht der Kirche und neue Herrschaftsgebiete. Am Ende der ersten – vom Papst persönlich – sakralisierten Heerfahrt stand die Eroberung Jerusalems 1099. Bei der Erstürmung der Stadt richteten christliche Ritter ein Massaker an, das unvergessen blieb. In einer Rückbesinnung auf den „Dschihad" der ersten Nachfolger Mohammeds bündelten muslimische Herrscher nach und nach ihre Kräfte, um die verlorenen Territorien wieder zurückzugewinnen.

Unsere Bestell-Nr.: DVD Kreuzzug Jerusalem

SH 35

Das Schachspiel ist eröffnet

Die sogenannte ‚Ringparabel', das Gleichnis mit den drei Ringen, wird in ein Schachspiel eingebunden. Ein Spiel, das von vornherein entschieden scheint, von Saladin und Sittah so geplant.
Die provokante Stimmung, die im Palast des Sultans herrscht, ist nicht zu überlesen. Ein wortgewandter Schlagabtausch leitet zum eigentlichen Grund des Treffens über. Hierbei wird wieder deutlich, dass Nathan zu Recht den Beinamen „der Weise" trägt. Er lässt sich nicht provozieren, handelt und spricht bedacht und aus der Vernunft heraus.

Saladin ⟷ **Nathan**

Saladin (weiß) eröffnet das Spiel:
„»Du nennst dich also Nathan. Nathan der Weise.« Er hat das Spiel eröffnet, dachte ich, das war der erste Schachzug." (S. 156/20–22)
Saladin provoziert Nathan.

Nathan (schwarz) reagiert:

- er entgegnet, dass er sich selbst so nicht nenne

Erster richtiger Zug, bringt Läufer in Stellung: Er fragt Nathan, warum er ihn wohl habe kommen lassen.

Nathans Gegenzug:

- er schützt seinen Läufer durch ein Pferd
- er nimmt Saladin den Wind aus den Segeln, indem er sagt, dass er annimmt, etwas für ihn tun zu sollen
- gleichzeitig betont er, dass es ihm eine Ehre sei

Saladin greift an:
„»Und da du im Ruf stehst, so weise zu sein, hoffe ich, dass du sie mir beantworten kannst. Sage mir, welcher Glaube ist der richtige? Wer hat recht, der Muslim, der Jude oder der Christ?«" (S. 157/15–18)
Nathan soll als Jude in eine Zwickmühle geraten.

Nathan erschrickt darüber:

- Saladins Hinterhältigkeit wird deutlich, ohne bereits einen Grund zu erkennen
- das ist eine Frage, deren Antwort ihn Kopf und Kragen kosten kann
- es scheint, als ob er schon aufgibt, indem er sich als Jude bekennt, was impliziert, dass er sich diese Religion gewählt hat, weil sie für ihn die richtige ist
- Saladin kontert und verdeutlicht, dass er noch keine Antwort erhalten hat

Der zweite Läufer greift an:
„»Ein Weiser wie du« […] »muss die Antwort doch wissen.«" (S. 158/19–20)
Zweite Provokation!

Sittah, die „Dame", ist wachsam, ihre Nadel zeigt auf Nathan, als wäre sie sich sicher, das Geld von ihm zu bekommen, ohne dafür eine Gegenleistung erbringen zu müssen.

Nathans Rochade:

Er wählt einen Umweg über eine Geschichte, damit zögert er zunächst die Antwort hinaus, lässt Saladin aber auch keine Möglichkeit, seine Antwort zu beurteilen. Er schützt seinen König durch eine Rochade.

SH 36

Das Gleichnis von den drei gleichen Ringen

Die Geschichte von den drei Ringen geht auf eine Erzählung von Giovanni di Boccaccio (1313–1375) zurück. In seinem Novellenzyklus „Il Decamerone" (1349–1352) bildet sie die dritte Novelle des ersten Tages. Doch auch Boccaccio hat diese Geschichte nicht neu erfunden. Bereits in einer lateinischen Schrift aus dem 13. Jahrhundert, der „Gesta Romanorum", einer anonymen Sammlung von Erzählungen, findet sich diese Geschichte. Dort wird ein Märchen von drei Söhnen erzählt, denen der sterbende Vater ihre Erbschaft zuteilt. Eine Rolle spielt dabei aber nur der jüngste Sohn, der vom Vater drei Kostbarkeiten bekam: einen goldenen Ring, eine Brosche und ein kostbares Tuch. Alle drei Geschenke des sterbenden Vaters an den jüngsten Sohn erfüllen im Laufe der Geschichte ihre Bestimmung. Übriggeblieben, sowohl in Lessings „Nathan" als auch in unserem Roman, ist nur der Ring. Nach dem lateinischen Märchen besaß der Ring die Eigenschaft, dass der, welcher ihn am Finger trug, die Gunst aller hatte, sodass er alles bekam, worum er sie gebeten hat. Nach jener Geschichte in dieser lateinischen Schrift folgt eine Art Moral. Der Ring wird zum ‚Ring des Glaubens' und somit der Träger der Gunst Gottes und der Menschen und deren Liebe.
Um ein Gleichnis zu untersuchen und zu deuten, muss man die bildhafte Sprache ‚übersetzen' in das eigentlich Gemeinte:

Nathans Geschichte	Das Gemeinte
Ring von unschätzbarem Wert, vor Gott und den Menschen angenehm	der Glaube an Gott, der den Menschen Frieden, Zufriedenheit, Trost und Kraft geben kann
Der liebste Sohn des Trägers erbt den Ring	nur einem kann dieser Wert zu Teil werden; Erwählung durch gelebte positive Eigenschaften und Verhaltensweisen
Ein Mann hatte drei Söhne, alle gleich lieb	drei Religionen, sind gleichrangig; dennoch wird es nie so sein, dass Menschen, Verhalten, Religionen identisch sind; keine Religion sollte im Vordergrund stehen und die anderen verdrängen wollen
Lässt zwei gleiche Ringe herstellen, jeder Sohn bekommt einen	es gibt drei gleichwertige Buchreligionen, (Judentum, Christentum, Islam), Religionen von Gott gestiftet – Hinweis auf den gemeinsamen Ursprung aller drei Religionen
Nach dem Tod des Vaters Streit der Söhne, wer den echten Ring trage, diese ließen sich nicht unterscheiden	Streit der drei Religionen, welche die wahre Religion sei, Religionskonflikt, will man einen ‚Sieger' finden, so geht es immer um Macht und nicht um das Wohl der Menschen
Richter entscheidet, er fragt die drei Brüder, welchen zwei von ihnen am meisten liebten, da der Ring ja die Kraft verleihe, vor Gott und den Menschen angenehm zu machen	ob eine Religion die richtige ist, entscheidet das menschliche Handeln, das geprägt ist von Nächstenliebe, Hilfsbereitschaft; wenn sich jeder nur selbst der Nächste ist, dann sind die Glaubensgrundsätze aller Religionen außer Kraft gesetzt
Da die Söhne keine Antwort haben, urteilt der Richter, dass keiner der Ringe echt sei und der richtige vielleicht verloren wurde; vielleicht habe der Vater daher drei gleiche Ringe anfertigen lassen	wenn sich die drei Religionen nicht respektieren, ihren Sinn nicht erkennen, ist keine die richtige; wenn die Religion nicht ihren Niederschlag im Leben findet, dann ist der richtige Glaube verloren gegangen
Richter gibt Rat: jeder der drei Söhne solle den Beweis der Echtheit erbringen, sie sollten sanftmütig und verträglich sein; und nach gottgefälligen, guten Werken streben; in tausend Jahren werde ein anderer Richter dann ein Urteil fällen	der Beweis des richtigen Glaubens muss immer aufs Neue erbracht werden; jede Religion soll ihren Regeln folgen und tolerant gegenüber den anderen sein
Nathan meint, dass vielleicht der „große Sultan dieser versprochene weisere Richter" sei	Sultan soll selbst richten und entscheiden, welche Religion die richtige sei. Indem Nathan den Sultan diese Entscheidung treffen lässt, fordert er ihn auf, selbst weise zu handeln und den wahren Wert des Glaubens unabhängig von der Religion zu erkennen.

Schach:
Nathan zieht seine Dame ...

Er macht den entscheidenden Zug, vor dem der Sultan nicht mehr ausweichen kann – er setzt ihn in Schach, in Zugzwang.

Saladin muss ...

Nathan zugestehen, dass er weise ist und seinen vom Volk gegebenen Namen uneingeschränkt verdient. Er verliert zwar das Spiel im eigentlichsten Sinne, aber er gewinnt einen Freund und die Erkenntnis, dass über der Religion die Menschlichkeit, die Vernunft, der respektvolle Umgang der Menschen miteinander stehen.

Sittah kann nicht mehr eingreifen, weil sie von der Wendung im Spiel zu überrascht ist und weil auch sie der Macht von Freundschaft und Verständnis nichts mehr entgegensetzen kann. Sie kann sich auch nicht vorstellen, dass Nathan jetzt noch als Geldgeber für Saladin fungieren wird, denn was sie offensichtlich von vornherein einkalkuliert hat, ist unter Freunden nicht möglich – Gott sei Dank!!!

Nur eine Geschichte – nur ein Traum?

SH 37

Wenn Nathan von „Schulden“ spricht, dann meint er natürlich keine finanziellen. „In jemandes Schuld stehen, jemandem etwas schulden“ meint hier immer Dank: Dankbarkeit für geleistete Hilfe, für geleistete Taten, für Ratschläge ..., für Dinge, die man mit Geld nicht bezahlen kann.

Nathan meint, dass er niemandem etwas schulde, außer dem Tempelritter, der bei Weitem kein Feind Saladins sei, auch wenn er andersgläubig ist. Saladin erfährt, dass aus seiner Begnadigung eine weitere gute Tat entstanden ist, denn der Tempelritter hat Nathans Tochter das Leben gerettet.

Kurzzeitig flammt bei Saladin noch einmal die alte Sichtweise auf, dass alle, die andersgläubig sind, automatisch Feinde sein müssen. Die eben gewonnene Erkenntnis scheint wieder vergessen, aber durch die Erklärung der Tat des Tempelritters, den er für den Sohn seines verschollenen Bruders hält, wird die Situation wieder entschärft.

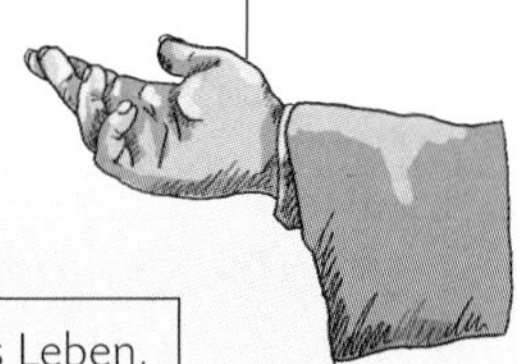

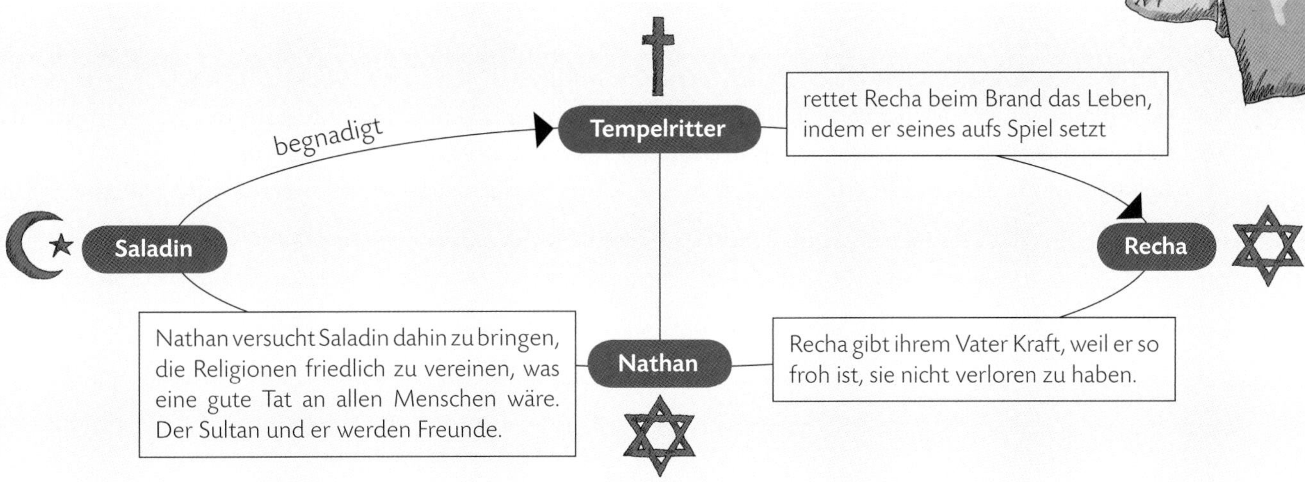

Sieg oder Remis?

Nathan spricht davon, dass die Geschichte von den drei gleichen Ringen eben nur eine Geschichte sei, und seine Hoffnung *nur ein Traum.* Aus den unterschiedlichen Schülerantworten ergibt sich ein differenziertes Bild:

Das Gleichnis verdeutlicht, dass
- es drei Träger der Ringe gibt, die den Beweis der Würde erbringen müssen
- jeder der Träger den anderen schätzen und auswählen müsse
- ein weiser Richter in tausend Jahren dann ein gerechtes Urteil fällen könne

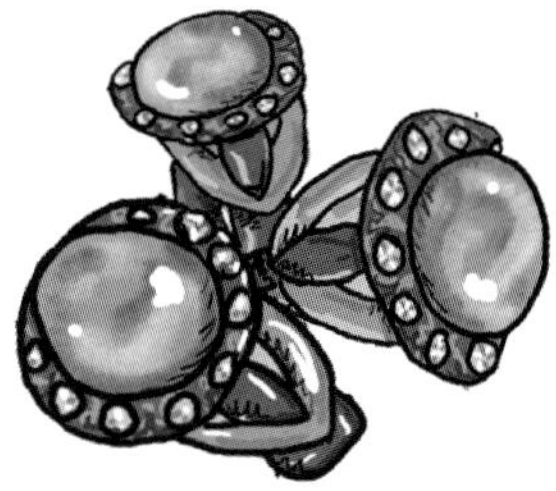

Die Roman-Realität sieht anders aus:
- Jerusalem ist von Christen und Muslimen umkämpft
- Inzwischen ist es bereits der dritte Kreuzzug
- Muslime richten Christen hin
- Christen morden und plündern
- Hass und religiöser Fanatismus fordern viele Opfer

Auch in Bezug auf Saladin ist Nathan Realist:
- er weiß, dass die Macht und das Reich des Sultans bedroht sind
- die Friedensverhandlungen erfolgen, weil der Krieg das Land ruiniert
- die Freundschaft, die der Sultan ihm anbot, ist ein guter Beginn; sie muss sich jedoch noch beweisen

Die Erfüllung des Traums würde voraussetzen, dass
- sich die Konfliktparteien einigen
- alle Zugang zu ihren religiösen Stätten erhielten
- Hass und religiöser Fanatismus überwunden werden

Ein langer Prozess, den vernünftige Menschen und Herrscher erst einleiten und beschreiten müssten.

Mirjam Pressler spielt mit Nathans Traum auf die berühmte Bürgerrechtsbewegungs-Rede von Martin Luther King von 1963 an (siehe SH 53).
Martin Luther Kings Bürgerrechtsbewegungs-Traum ist weitgehend in Erfüllung gegangen.

SH 38/39

Verrat

SH 38

Unter Verrat versteht man im Allgemeinen einen besonders schweren Vertrauensbruch, der Loyalität und Freundschaft verletzt. Hierbei erstrecken sich die Facetten von kleinen Unehrlichkeiten unter Kindern bis hin zu Straftaten.
Darüber zu reden, selbst schon einmal verraten worden zu sein, setzt voraus, dadurch hervorgerufene Gefühle zu äußern. Manchen Schülern fällt das sehr schwer. Eventuell könnte auch der Fall eintreten, dass sich jemand noch nie in seinem Leben verraten gefühlt hat – was natürlich toll wäre.
Die eigene Einstellung zum Thema Verrat kann auch mittels Zitaten ergründet werden, die die Schüler ausdeuten, z. B.:

„*Der größte Lump im ganzen Land, das ist und bleibt der Denunziant.*" (August Heinrich Hoffmann von Fallersleben)

„*Verrat und Mord, sie hielten stets zusammen wie ein Gespann von einverstandnen Teufeln.*" (William Shakespeare)

„*Man wird nicht dadurch besser, dass man andere schlecht macht.*" (Heinrich Nordhoff)

Das Beleuchten von Dajas Situation wirft auch Fragen danach auf, wie es zu ihrem plötzlichen Sinneswandel kommen konnte, denn dieser ist nicht ohne Weiteres nachvollziehbar. In der Tabelle werden nur Informationen gesammelt, die aber unbedingt im Gespräch (auch in Kleingruppen) ausgewertet und bewertet werden müssen.

Gemeinsames Lesen oder das Vorlesen von Dajas Gedanken verdeutlicht ihre Motive!

Dajas Erinnerungen an die Vergangenheit	Daja in der Gegenwart	Dajas Vorstellungen von der Zukunft
• Nathan hat ihr nur Gutes getan • nur freundliche Worte von Nathan • Zufriedenheit in Nathans Haus • vertraute Menschen um sich herum • kein Schnee in Jerusalem • größte Freude, über den Markt zu gehen • angenehmes Leben bei Nathan	• von einem bösen Geist besessen • Gedanken erweckt, von denen sie nicht wusste, dass sie diese in sich trägt • glaubt, dass Satan sie heimsucht • ihr ist es zu warm • die Stimmen auf dem Markt sind ihr zu laut • Sehnsucht bricht in ihr aus • von einem Moment zum nächsten ein anderer Mensch • die Menschen, mit denen sie all die Jahre gelebt hatte, bedeuten ihr nichts mehr • will zurück in die Heimat • muss nur die Wahrheit sagen, die ihr Elijahu einst anvertraute • sie nimmt in Kauf, dass sie Nathan den größten Schmerz seines Lebens zufügt, dass sie seine Familie zerstört	• mit Recha und dem Tempelritter zurück in die deutsche Heimat • zurück als angesehene, wohlhabende Frau

SH 39

Die Folgen von Dajas Worten gegenüber dem Tempelritter sind weitreichend und betreffen verschiedene Personen:

Daja:

– verliert ihre ‚Familie'
– kann Nathan nicht mehr in die Augen schauen
– bekommt von Recha Vorwürfe, warum sie es ihr so lange verheimlicht hat
– hat auch Elijahu gegenüber Vertrauensbruch begangen
– ist auf das Wohlwollen von Recha und dem Tempelritter angewiesen

Nathan:

– kann seiner Tochter nicht selbst die Wahrheit sagen
– muss sich rechtfertigen
– könnte Recha verlieren, wenn sie nach Deutschland geht
– erscheint vor dem Tempelritter als Lügner

Recha:

– ist ihrer Identität beraubt
– muss sich mit ihrer Religion auseinandersetzen (Jüdin oder Christin?)
– will Aufklärung über ihre Herkunft
– könnte den Tempelritter heiraten
– könnte mit ihrem Vater brechen

Tempelritter:

– Vertrauen zu Nathan zerstört, den er gerade als Freund gewonnen hat
– könnte Recha heiraten
– muss seine Ansichten über Religion überdenken
– müsste eigentlich mit dem Patriarchen darüber sprechen
– wird an die Verhaltensweise seines Onkels erinnert – auch er hat ihm nicht die Wahrheit gesagt

Patriarch:

– sieht seinen Judenhass bestätigt
– versucht, den Tempelritter aufzuwiegeln und will Nathan töten lassen

Bei der Analyse von Dajas Verrat sollten die Schüler folgende Aspekte beleuchten:

- Hat sie zu ihrem eigenen Vorteil gehandelt?
- Wie groß ist der Schaden für die verratene Person?
- Sind ihre Beweggründe die Tat ‚wert'? Sind ihre Beweggründe nachvollziehbar?

Dieses Analyseverfahren kann auch in Kleingruppen in einem Ausschnitt des Figurennetzes angewendet werden, um Stellung zu den Handlungsweisen der Figuren zu nehmen.

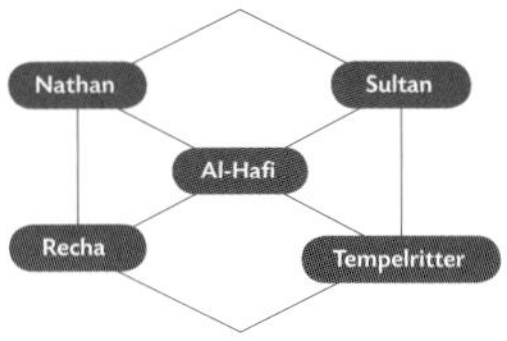

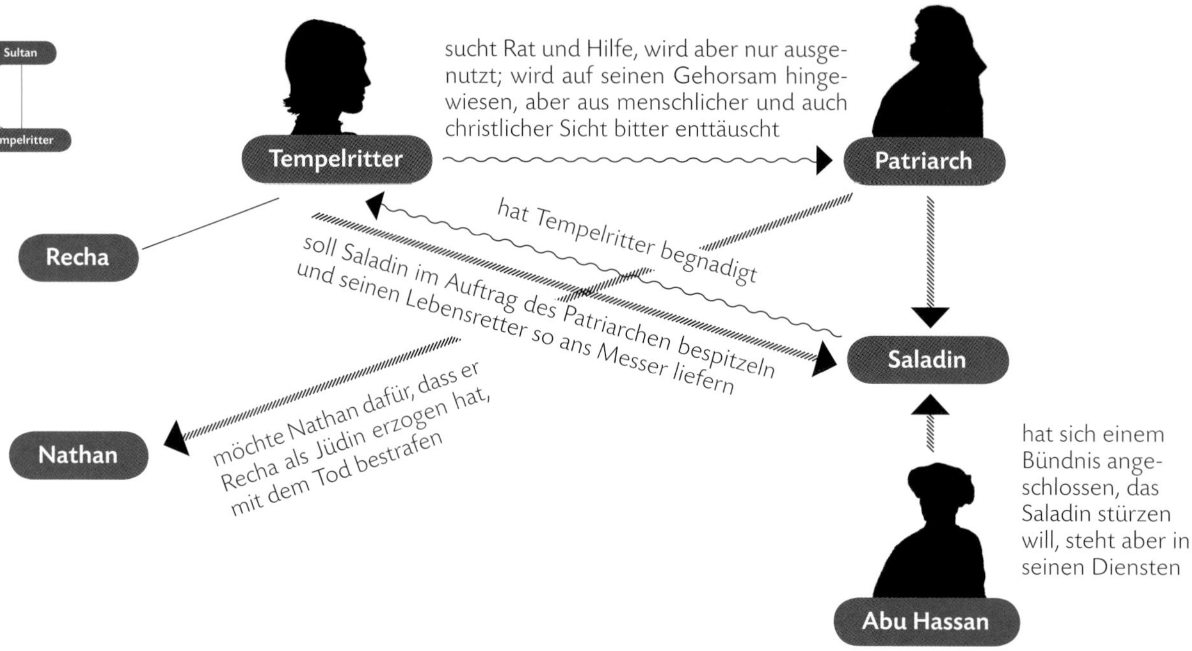

Der Patriarch als christliches Oberhaupt der Stadt Jerusalem lebt in Wohlstand und unter angenehmen Umständen im Namen Gottes. Er versucht, den Tempelritter für seine Ziele zu missbrauchen. Er möchte mit allen Mitteln die Macht der Christen ausbauen und die Herrschaft Saladins beenden. Wohlwissend, dass Saladin dem Tempelritter das Leben gerettet hat, fordert er ihn zum Verrat an ihm auf. Das widerspricht jeglichen Grundsätzen von Dankbarkeit und Demut. Als der Patriarch die Zweifel des Tempelritters erkennt, erinnert er diesen an den Gehorsamseid, den dieser gegenüber der Kirche geleistet hat, und erpresst ihn quasi – wieder eine Eigenschaft, die mit Leben nach christlichen Lehren nichts zu tun hat.
Argumenten blind gegenüber, fordert er bei seinem letzten Gespräch mit dem Tempelritter den Namen des Juden ein, der ein christliches Mädchen jüdisch erzogen hat, um ein Todesurteil gegen diesen Juden auszusprechen. Jedes Kind ist ein Geschenk Gottes – doch der Patriarch hätte Recha lieber tot gesehen, als von dem „Juden" Nathan erzogen, der ihr das Leben gerettet und ihr ein Zuhause, Liebe und Geborgenheit gegeben hat. Dass er mit diesen Überzeugungen, Einstellungen und Verhaltensweisen den Tempelritter nicht erreichen bzw. umstimmen kann, bleibt ihm verschlossen. Er ist ein religiöser Fanatiker, der nur auf seinen Vorteil und seine Machterhaltung bedacht ist.

SH 40/41

Welcher Glaube ist der richtige?

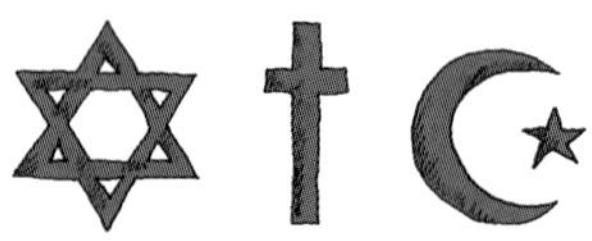

SH 40

Sprechen Sie mit den Schülern über die Bedeutung von Religion. Im Roman nimmt diese Frage eine zentrale Stellung ein und bestimmt die Entwicklung der Figuren maßgeblich.

Daja:

- wurde von ihrer zutiefst religiösen christlichen Großmutter erzogen – angstbesetzt, bigottisch, aber dennoch hat sich Daja den christlichen Glauben angeeignet und lebt ihn auch in ihrem Handeln in Jerusalem
- unabhängig davon, dass sie bei einer jüdischen Familie lebt und ein jüdisches Kind erzieht, steht sie Andersgläubigen, die nicht zur Familie gehören, etwas skeptisch gegenüber; Recha meint, sie versuche anderen ihren Glauben nahezubringen
- bevor sie nach Jerusalem kam, bezeichnete sie Andersgläubige noch als „Ungläubige", sie hat sich also in ihren Ansichten, die natürlich durch die Kreuzfahrer und ihre Erfahrungen auf dem Kreuzzug stark geprägt waren, gemäßigt

Abu Hassan:

- fanatischer Vertreter des Islam, fundamentalistisch – islamistisch
- ist ein Judenhasser und liegt damit auf einer Linie mit dem Patriarchen
- kennt kein Pardon gegenüber den Christen und würde gerne Rache und Vergeltung an diesen üben
- definiert seinen Glauben über Kampf, den „Heiligen Krieg"

Patriarch:

– steht für einen orthodoxen fundamentalistischen Christen, der nicht akzeptiert, dass es andere Religionen neben dem Christentum gibt
– Antisemit, hasst Juden und will sogar deren Tod
– er verfolgt seine Ziele – im Namen des christlichen Gottes – ohne Rücksicht auf Gefühle oder menschliche Nöte

Saladin:

– bekräftigt Machtansprüche auf Jerusalem, gesteht aber Christen indirekt Rechte zu
– ist teilweise tolerant gegenüber anderen Religionen; ihm ist es nicht wichtig, ob Leu von Filnek sich zum Islam bekennt
– setzt als Despot seine Gesetze durch – im Namen Allahs

R. Löwenherz: – er ist gezwungen, dem Krieg im „Heiligen Land" ein Ende zu setzen; verlangt den Glaubenswechsel Sittahs zum Christentum
– er setzt allerdings voraus, dass die Muslime seine Bedingungen akzeptieren

Die zusammengetragenen Zitate Nathans geben den Schülern Anlass, darüber nachzudenken und zu entscheiden, ob auch sie selbst aus den Worten Nathans etwas für ihre Lebensweise, ihre Einstellungen entnehmen können.

SH 41

Wirken Nathans Worte und Taten?
Wodurch ändert der Tempelritter seine feindliche Haltung?

Der Tempelritter wird von Nathans Worten sehr bewegt. Sie rufen Erinnerungen in ihm wach, geben ihm aber auch Anlass, über bisherige Denkweisen zu reflektieren:

„»Fass mich nicht an, Jude«" (intolerante Haltung gegenüber anderen Religionen)

→ Nathan erklärt ihm, dass es immer am Menschen liegt, und nicht an der Religion, ob man „gut" oder „böse" ist; in jeder Religion gibt es solche und solche
→ Nathan und er haben eine Vorstellung von der Welt, wie sie sein sollte, und träumen davon; ihre Vorstellungen decken sich teilweise
→ für den Tempelritter ist der Beweis erbracht, dass Freundschaft und Vernunft über Religionen hinweg der Maßstab der Welt sein sollten

Er wandelt sich vom christlichen Ritter Curd von Stauffen zum arabischen Prinzen Leu von Filnek, weil er vom Patriarchen und dessen Fanatismus enttäuscht ist und von Saladin freundlich und als Mitglied der Familie empfangen wird. Natürlich muss er verwirrt sein, wenn er in so kurzer Zeit die Wurzeln seiner Identität kennenlernt. Scheinbar ist es für ihn kein großes Problem, sich anders zu kleiden und somit die Zugehörigkeit zu einer anderen Glaubensgemeinschaft zu demonstrieren. Entscheidend für ihn ist aber nicht, wer nun seine Eltern in Wirklichkeit waren, vielmehr tut es ihm gut, nach so langer Zeit endlich Geborgenheit zu erfahren. Als Prinz fühlt er sich zum ersten Mal in einer Gemeinschaft angenommen, aber auch hier bestehen noch Unklarheiten für ihn. Ob er vom Christentum zum Islam konvertiert, bleibt unklar.

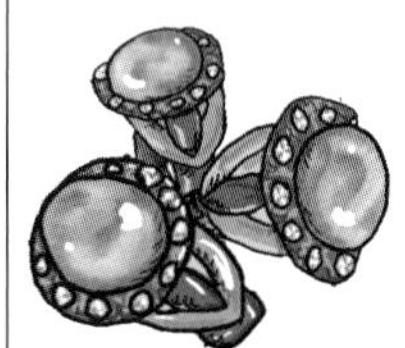

Nathans Forderung aus dem Gleichnis lautet:

„»Seid dankbar für diese Liebe (des Vaters), und bemüht euch, den Beweis für die Echtheit eures Rings zu erbringen, indem ihr sanftmütig und verträglich seid und nach guten, gottesgefälligen Werken strebt.«" (S. 163/25–28)

Dementsprechend lassen sich die Figuren bewerten:

Bei der Zuordnung werden sich Unterschiede bei einzelnen Figuren bei Schülerlösungen ergeben. So könnte Daja ein ‚nur wenig' zugeordnet werden – wegen ihres Verrats. Saladin verändert seine Haltung, wäre ein ‚fast' möglich? – Kaum, er wird Machtpolitiker bleiben.

Figur	voll-ständig	fast	nur wenig	nicht	Begründung
Nathan	x				hilft, wo er kann; lebt nach der Vernunft und der Liebe zu den Menschen; ist religiös und tolerant
Recha		x			nimmt Geschem erst wahr, seit er einen Namen hat
Daja		x			hat sich sehr um Recha bemüht; ist Nathan dankbar; stellt aber auch ihr eigenes Wohl über das der anderen
Elijahu	x				immer als Freund an der Seite Nathans; kümmert sich um Geschem – als sein Vater
Dajas Großmutter			x		fanatisch religiös; erzieht Daja ohne Liebe
Abu Hassan				x	Fanatiker, der nur auf die Vernichtung des Feindes – Andersgläubiger aus ist
Geschem	x				möchte Recha aus dem Feuer retten, um Nathan, seinem Wohltäter, einen Dienst zu erweisen
Al-Hafi		x			ist Schatzmeister des Sultans, obwohl er um die Machenschaften des Despoten weiß; lässt die Freundschaft zu Nathan nicht scheitern
Saladin			x		mustergültiger Despot, der die „Heilige Stadt" für sich beansprucht; schenkt dem Tempelritter das Leben, hilft auch anderen
Tempel-ritter		x			ist zunächst festgefahren in seinen Ansichten, aber empfänglich für vernünftige Argumente; tut als Tempelritter Gutes (Pilger betreuen)
Patriarch				x	lebt nicht nach den christlichen Geboten; ist Fanatiker und Antisemit, der um jeden Preis seine Machtstellung sichern will

Entkräftigung des Sultans Einwand

Natürlich unterscheiden sich die Religionen in ihren Formen, im Gottesdienst, in Regelungen, Festen und Gebräuchen, in Ritualen und in Konventionen. Dies liegt in ihrer Entstehung und in ihrer Geschichte begründet.

Im Judentum und im Islam gilt Abraham als ‚Vater der Völker'. Im Christentum steht Abraham für die Treue zu Gott. Abrahams spannende Lebens- und Glaubensgeschichte können in der Thora, im Alten Testament und im Koran nachgelesen werden. Auch wenn jede heilige Schrift eine andere Sicht auf die Person Abrahams hat, verdankt sie ihm den Glauben an nur einen einzigen Gott.

Deshalb werden Judentum, Christentum und Islam auch als abrahamitische Religionen bezeichnet.

SH 9

Bereits im Zusammenhang mit der Namensgebung Geschems – Geschem Ben Abraham oder Geschem Ibn Ibrahim – (SH S. 9) haben die Jugendlichen erste Antworten formuliert.

Alle drei Religionen sind monotheistisch, sie anerkennen und berufen sich auf einen allumfassenden Gott.

Tipp

Vielleicht können sich hier muslimische und christliche Schülerinnen und Schüler einbringen und Parallelen suchen (auch ergänzend im Religions- und Ethikunterricht).
Die eigentliche Entgegnung liegt im Verständnis Nathans darin, dass nicht Traditionen und Äußerlichkeiten, dass nicht Konventionen den Glauben ausmachen, sondern ihr gemeinsamer Kern, den Menschen zu lieben und Gutes zu tun.
Dies ist der ethische Kern, dem sich auch Atheisten oder Mitglieder anderer Konfessionen anschließen können. Nathan verdeutlicht diesen Kern durch das Gleichnis von den drei Ringen und dessen Transfer auf das menschliche Zusammenleben. Dem schließt sich auch Saladin an, dieser Weisheit kann er nichts mehr entgegnen, zumal er selbst durch die Begnadigung des Tempelritters ein anschauliches Beispiel dafür gegeben hat.

Der Historiker Nikolas Jaspert sieht gerade in der Ähnlichkeit des Christentums und des Islams eine Wurzel ihrer Konkurrenz:

„Die historische Brisanz des Verhältnisses zwischen Christentum und Islam rührt nicht aus ihrer Unterschiedlichkeit, sondern gerade aus ihrer Ähnlichkeit. Beide stellen konkurrierende Religionen oder Kulturen dar, die aus gemeinsamen Traditionen schöpfen und dabei trotz mancher Übereinstimmung gerade ihre Gegensätzlichkeit betonen."

Jaspert Nikolas: *Die Kreuzzüge.* Darmstadt 2008, zitiert in: Knopp, Guido; Brauburger, Stefan; Arens, Peter: *Der Heilige Krieg. Mohammed, die Kreuzritter und der 11. September.* München 2011, S. 79.

„Ein abgerissenes Blatt im Wind"

SH 42

Wie kommt es zu Geschems Unsicherheit?

- hat seinen arabischen Namen genannt, als man ihn nach seinem Namen fragte
- konnte dem Jungen nicht in die Moschee folgen
- fühlt sich, als hätte er Nathan und Elijahu verraten
- schämt sich
- stellt fest, dass er immer noch nicht weiß, wer er ist und wohin er gehört

Wodurch überwindet er diese?

- Elijahu hat ihn nach seinem Albtraum zur Ruhe gebracht
- Elijahu antwortet mit „Geschem", als der muslimische Junge nach Geschems Namen fragt – Geschem ergänzt den jüdischen Zusatz „Ben Abraham"
- Elijahu gibt ihm Geborgenheit und Sicherheit, in seiner Nähe fühlt er sich wohl und zu Hause

Recha und Geschem treffen aufeinander:

- hat gerade erfahren, dass Nathan nicht ihr Vater ist
- ist von Daja bitter enttäuscht
- ihre Welt ist aus den Fugen geraten
- alles, was sie bisher hatte, woran sie glaubte, scheint in Frage gestellt
- Fragen tauchen auf: Wer sind meine Eltern? Wo komme ich her? Wer bin ich?
- Warum hat Nathan mir meine christliche Herkunft verheimlicht?
- Was ist mein wirklicher Glaube?
- fühlt sich allein
- alles kommt ihr sinnlos vor
- ist zornig auf den Tempelritter, der sie nur als Christin will
- stellt sich vor, was ohne Nathan aus ihr geworden wäre

Recha und Geschem

SH 43

Bereits auf der Figuren-Doppelseite 22/23 wird Bezug genommen auf das Gespräch zwischen Geschem und Recha, welches stattfindet, nachdem Recha erfahren hat, dass Nathan nicht ihr Vater ist.
Aus diesem Gespräch nimmt Recha Einsichten mit, für die sie Geschem im Nachhinein dankbar ist.
Für den Schreibanlass sind folgende Aspekte zu beleuchten:

Warum ist Geschem glücklich?

- er hat nun seinen Namen gefunden: „Geschem Ben Abraham"
- er hat viel gelernt, z. B. Schreiben
- er hat einen „Vater" gefunden – Elijahu
- er dankt Nathan für das Wunder, das er ihm ermöglicht hat
- die ganze Welt um ihn herum hat sich zum Besseren verändert – er ist nun Teil von ihr

Rechas Gedanken über den Tag:

- mein Leben hat sich von einem Tag auf den anderen verändert
- durch Geschem ist mir einiges klar geworden
- zuerst wollte ich nur noch weg
- ich konnte die anderen nicht um mich haben
- zornig, enttäuscht, wütend, verwirrt, traurig, unsicher zugleich

Rechas Einsichten:

- Geschem dankt Gott jeden Tag, dass er ihn in Nathans Haus geführt hat – müsste ich das nicht auch tun?
- ich habe Gott sei Dank nie erleben müssen, wie es ist, wenn man nirgendwo dazugehört
- ich hätte mich schon früher um Geschem kümmern können/müssen
- Geschems Unglück ist viel schlimmer als meines
- ich habe Glück gehabt, schon immer in Nathans Haus leben zu dürfen
- auch wenn Nathan nicht mein leiblicher Vater ist, ist er doch der Mensch, der mich liebt – mein Vater

⟹

Schlussfolgerung:

- ich muss mit meinem Vater reden
- ich sollte dankbar für das Leben sein und mit meiner neuen Situation lernen umzugehen

SH 44

Wer hat Nathan getötet?

Tathergang:

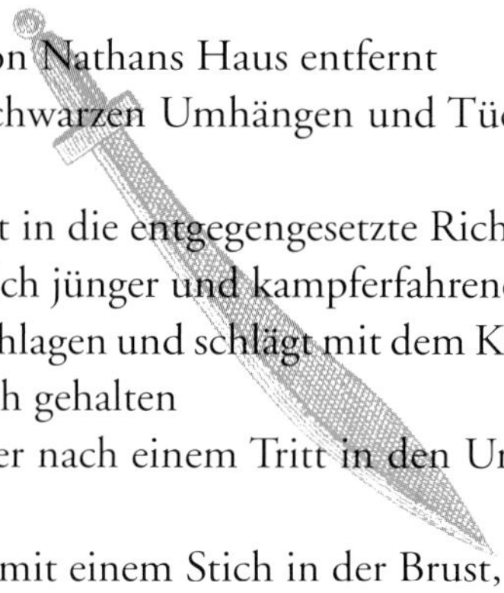

- dunkle Nacht, nur zwei Gassen von Nathans Haus entfernt
- fünf vermummte Gestalten mit schwarzen Umhängen und Tüchern vor den Gesichtern tauchen hinter einem Haus hervor
- Nathan und Elijahu laufen gehetzt in die entgegengesetzte Richtung, wollen der Gefahr entfliehen
- Angreifer holen sie ein (sind deutlich jünger und kampferfahrener) und drängen sich zwischen die beiden
- Elijahu wird von einem niedergeschlagen und schlägt mit dem Kopf auf den Steinen auf – ist wie betäubt – er wird mit dem Schwert in Schach gehalten
- auf einen Ruf hin lässt der Peiniger nach einem Tritt in den Unterleib von ihm ab und verschwindet in der Dunkelheit
- Nathan liegt nackt auf der Straße mit einem Stich in der Brust, der Geldbeutel ist verschwunden – er ist tot und wurde ausgeraubt
- Elijahu trägt ihn nach Hause und wird bewusstlos

Möglicher Täter	Mögliches Motiv
Straßenräuber/Bettler	Geld stehlen
Christen	aufgewiegelt vom Patriarchen, der Nathan unbedingt töten wollte, da er als Jude eine Christin aufgezogen hatte
Abu Hassan und seine Männer	er hat bei Nathans Besuch im Palast sehr verdächtige Zeichen gegeben; er hasst Juden
Melek – der Bruder Saladins	durch Nathans Hilfe ist Saladin gestärkt und Meleks Machtambitionen sind nicht mehr durchzusetzen

Die Indizien deuten auf Abu Hassan als Mörder hin:

- er hasst Juden
- er ist an einer Verschwörung gegen Saladin beteiligt, Nathan ist Saladins Freund
- er hält es für gerechtfertigt, den ‚reichen Juden ihren Besitz zu nehmen‘
- er flüstert während Nathans Besuch im Palast einem anderen Krieger mit Schwert etwas zu
- er deutet mit einer schnellen unauffälligen Bewegung hinüber zu Nathan
- der andere Mann schaut daraufhin zu Nathan, sagt dann etwas zu Abu Hassan und verschwindet

Die ‚Strafe' im Sinne Nathans ist keine Strafe, sondern eine Aufforderung:

- Arbeite mit Menschen anderer Religionen zusammen, eigne dir Wissen über deren Gebote, Inhalte und Glaubensrituale an.
- Hass erzeugt Hass, dieser trifft einmal dich, deine Familie …
- Gewalt trifft auch dich – schau hin, wodurch sie entsteht.
- Alle Menschen sind gleich.

Nathan

SH 45

Name: **Nathan, genannt „der Weise"**

Alter: ca. 45 bis 60 Jahre

Religion: Jude

Wovon ich überzeugt bin:

- Vernunft und die Liebe zu den Menschen zeichnen eine Religion aus
- alle Religionen haben diesen gleichen Kern
- in jeder Religion gibt es gute und böse Menschen
- zu den Entscheidungen, die man einmal getroffen hat, muss man auch stehen

Was mir wichtig ist:

- Recha eine sichere, frei bestimmte Zukunft zu ermöglichen
- die Menschen sollen lernen, dass es nur an ihnen liegt, wie die Welt gestaltet wird

Was ich nicht verstehen kann:

- Freundschaften zerbrechen an Glaubensfragen
- wenn man sich durch Argumente nicht überzeugen lässt, sondern an seinen verbohrten Anschauungen festhält

Mein Traum von der Welt:

- eines Tages wird die Vernunft über Dummheit und Missgunst siegen
- eines Tages wird sich die Menschheit erheben und die wahre Bedeutung ihres Glaubensbekenntnisses ausleben
- Juden, Muslime und Christen werden eines Tages Brüder sein
- eines Tages wird Jerusalem eine Stadt des Friedens und der Gerechtigkeit sein

Mit wem ich etwas gemeinsam habe:

Tempelritter:	er war wie ich von Hass und Rachegefühlen besetzt, bis ihm die Vernunft half, anders zu denken und den Menschen in den Mittelpunkt zu stellen
Daja:	sie hat, wie ich auch, den Verlust von lieben Menschen aufgrund der Religion erfahren müssen

Für mich typische Zitate:
individuelle Lösung

Nathans Vermächtnis

SH 46/47

SH 46

Hier sind Ratschläge oder auch Thesen zu nennen, die sich auf das Menschsein, das Leben miteinander und den Umgang mit den Religionen / dem Glauben beziehen, z. B.:

- „»Glaube mir, die Liebe ist ein starkes Band, manchmal noch stärker als Blut.«" (S. 232/29 – 30)
- „»Aber egal, wer deine Eltern waren, ein Mensch braucht einen Namen.«" (S. 22/11 – 13)
- „»Gott ist fern, aber die Menschen sind nah. Glaube mir, Elijahu, das höchste Ziel der Menschen muss die Vernunft sein. Vernunft und die Liebe zu anderen Menschen.«" (S. 48/12 – 14)
- „»Jeder braucht einen Platz in der Welt, einen Ort, an den er gehört, und Menschen, in deren Mitte er Geborgenheit findet.«" (S. 53/26 – 28)
- „»Schließlich sind wir alle Abrahams Kinder.«" (S. 54/1 – 2)
- „»Gott ist unerreichbar, und wir können ihm nur dadurch nahe sein, dass wir seine Geschöpfe lieben. Das ist es, was er von uns fordert, und das ist es, was unserem Leben Sinn und Bedeutung gibt.«" (S. 54/6 – 10)
- „»Mal wird einem eine Hand hingehalten, ein andermal streckt man selbst die Hand aus.«" (S. 54/18 – 19)

- „»Aber in Wirklichkeit ist es leichter, einen Menschen zu lieben als einen Engel, und es ist auch leichter, einem Menschen zu danken.«“ (S. 57/28–30)
- „»Es gibt in jedem Volk gute und ehrliche Menschen, egal zu welchem Gott sie beten, so wie es überall auch böse und grausame Menschen gibt.«“ (S. 105/1–3)
- „»Eines Tages wird der Geist des Herrn über die Welt kommen, der Geist der Weisheit und des Verstandes, der Geist des Rates und der Stärke, der Geist der Erkenntnis und der Furcht des Herrn.«“ (S. 236/4–7)

Nathan: A1 – E5:
- er hatte seine ganze Familie verloren und schwor den Christen ewige Rache
- dann wurde ihm die Christin Recha ins Haus gebracht und er zog sie wie seine Tochter auf
- die Liebe zu ihr, diesem unschuldigen Wesen, das seinen Schutz brauchte, gab ihm neue Kraft und ließ ihn die Rache und den Hass vergessen und in Liebe zu den Menschen verwandeln

Tempelritter: A4 – E2:
- Nathan erklärt ihm, das der Wert eines menschlichen Lebens nicht von der Religion abhängt, sondern dass es immer um den Menschen selbst geht
- er zeigt ihm, dass seine Vorstellungen von der Zukunft und die des Tempelritters sich ergänzen

Saladin: A6 – E3:
- anhand der Geschichte der drei Ringe, die Nathan vorbringt, erkennt Saladin, dass sich ein religiöser Mensch durch sein Verhalten auszeichnet, egal, zu welchem Gott er betet

Bei der Schreibaufgabe werden die Erklärungen verwendet und ausformuliert. Dazu sollten noch Gedanken der jeweiligen Figur und die Reflexion des Verhaltens der Figur eingeflochten werden. Zudem sind hier auch Zitate hilfreich, die anhand der angegebenen Textstellen im Buch leicht gefunden werden können. Es ist klar, dass die Länge dieses Textes nicht allzu groß sein muss, sein darf, um nicht vom eigentlichen Thema abzuschweifen.

SH 47

Mögliche Überschriften:

Recha: Abschied von meinem Vater, der mich liebte
Elijahu: Ein großer Mann ist gegangen – mein Herr, mein Freund, mein Bruder
Daja: Abschied von dem Mann, dem ich mein Leben verdanke, und dem ich nicht angemessen dankte
Al-Hafi: Abschied von einem Freund, der unterschiedliche Lebenswege akzeptierte und in jedem zuerst den Menschen sah
Leu von Filnek: Abschied von meinem väterlichen Freund, dem Taten wichtiger sind als Worte, mit denen auch ich ihn wohl verletzt habe
Saladin: Abschied von dem Mann, den man in Jerusalem zu Recht „den Weisen“ nannte
Geschem: Abschied von dem Mann, der mich als Mensch wahrgenommen hat

An dieser Stelle der Erarbeitung des Romans werden immer wieder Inhalte, Themen, Details, Fragen und Textstellen aufgegriffen, die im Verlauf der Erschließung bereits erarbeitet wurden bzw. die bereits eine Rolle spielten. Daher treten vor allem Doppelungen auf, wenn Figuren aus ihrer Sicht über ihr Verhältnis zu Nathan nachdenken. Der Hinweis, die Schülerheftseiten zuhilfe zu nehmen, auf denen bereits zu den entsprechenden Figuren gearbeitet wurde, ist hilfreich für die Schüler und erleichtert die Stoffsammlung für die Schreibaufgabe.

Es ist dennoch wichtig, diese Schreibaufgabe für unterschiedliche Figuren anfertigen zu lassen, um vor allem zu üben, aus Sicht der Figuren zu sprechen, zu schreiben, ohne zu viel der eigenen Erfahrungen und Meinungen mit einzubringen. In vielen Fällen stünde dies der Erfüllung der Schreibaufgabe sogar im Weg.

Die Schreibaufgabe: **Schülerzeitungsartikel zur Beantwortung der Frage: „Was macht uns eigentlich zu Menschen?“**

Diese Aufgabe ist nicht so angelegt, dass man direkt Bezug auf den Roman nimmt. Man muss vielmehr die Erkenntnisse aus dem Roman in die eigene Antwort – aus Sicht eines Schülers – einbeziehen.

Aufhänger für den Artikel könnten sein:

- Mobbing
- Gewalt unter Jugendlichen
- Verbreitung privater Daten / Fotos im Internet
- Verleumdungen
- aktuelle Zeitungsberichte über Kriege, religiöse Konflikte (Palästina, Israel, Ägypten …)

Im Artikelkern muss Folgendes enthalten sein:

- eine eigene Antwort, die mit Beispielen unterlegt wird
- Eigenschaften, die uns menschlich machen
- das Ziel / die Wirkung der Menschlichkeit für einen Selbst, das Umfeld und die Umwelt verdeutlichen

Am Ende des Artikels könnte stehen:

- Überprüfung, ob man diesem ‚Ideal' entspricht
- Überlegung, an sich zu arbeiten
- Darstellung des Alltags, der Welt, wie sie wäre, wenn alle Menschen diesem Bild annähernd entsprächen

Die Zukunft der Figuren

SH 48

Recha:
- sie wird Nathans Haus in seinem Sinne als jüdisches Haus mit den Traditionen weiterführen
- Elijahu wird ihr weiter zur Seite stehen
- sie praktiziert den jüdischen Glauben
- die Verbindung zum Tempelritter wird vielleicht einmal eine Freundschaft werden, aber die Liebe ist erloschen
- sie plant, eine Familie zu gründen, der erste Sohn soll Nathan heißen
- ihr Verhältnis zu Daja ist nun verändert, vielleicht wird sie zu einer Art von Freundin
- sie will herausfinden, wer sie wirklich ist

Geschem:
- erlernt von Elijahu den Umgang mit den Gewürzen, wird den Handel mit organisieren
- wird im Hause bleiben, sich als Teil der Familie fühlen

Tempelritter:
- er wird sich entscheiden, ob er zum Islam konvertiert
- die Arbeit bei den Johannitern wird er wahrscheinlich nicht aufgeben
- es ist denkbar, dass er Saladin bei der Sorge für die Sicherheit in Jerusalem als Ritter beisteht

Daja:
- wird bei Recha bleiben und sie unterstützen
- eventuell wird sie das Kindermädchen für Rechas Kinder

Elijahu:
- wird nun der Hauptverantwortliche für die Geschäfte des Hauses Nathan unter Rechas Leitung sein
- er heiratet **Zipora**
- ist Geschems Vater und auch für seine Ausbildung verantwortlich

Saladin:
- wird Recha unterstützen
- wünschenswert wäre es, wenn er versuchen würde, den Traum Nathans von Jerusalem als einer friedlichen Stadt wahr werden zu lassen
- vielleicht lässt er die freie Religionsausübung und ein friedliches Nebeneinander der Religionen in Jerusalem zu

Der historische Saladin starb 1193 und es entbrannte wiederum ein Machtkampf ums Erbe zwischen seinen Nachkommen (siehe Schülerheft S. 34).

Schreibaufgaben – Innerer Monolog

SH 49

Als Lösungshilfen für die Schreibaufgaben können hier immer nur Anregungen zum Inhalt und zum Aufbau gegeben werden. Die Schüler sollten in ihrem Repertoire das Wissen über Schreibaufgaben und deren Besonderheiten haben. Es ist immer auf die Vorgehensweise von Schülerheft S. 13 hinzuweisen, die auf die Vorbereitung aller Schreibaufgaben übertragen werden kann.

Der Tempelritter hat erfahren, dass Recha nicht Nathans Tochter ist und noch dazu Christin. Das erschüttert die Grundfesten seines Glaubens. Er hat Nathan als Freund gewonnen, ist nun aber von ihm enttäuscht und seine Gedanken und Gefühle fahren Achterbahn mit ihm. Deshalb irrt er ziellos durch die Straßen und gelangt an einen Platz, von dem aus er Jerusalem, die „Heilige Stadt", überblicken kann.

„Ich fühlte mich enttäuscht und betrogen, er hatte mir nicht die Wahrheit gesagt. Und ich hatte ihn bewundert und verehrt. Sollte Nathan sich nicht anders verhalten haben als mein Oheim? Hatte er wirklich ein Kind aufgezogen und es im Glauben gelassen, es sei seine Tochter? Warum? Warum hatte er alle belogen, Recha, mich, die ganze Welt?" (S. 179/15–21)

Der Tempelritter versucht nun Antworten auf all diese Fragen zu finden. Er stellt einen Vergleich zwischen seiner Situation und der Rechas an. Dabei wird ihm klar, dass Nathan Recha geholfen hat, genauso wie ihm selbst Saladin geholfen hat. Doch das wirft neue Fragen auf.
Verfasse die Gedankengänge des jungen Tempelritters in einem inneren Monolog.

Mögliche Antworten auf die Fragen des Tempelritters:

Warum sagte Nathan nicht die Wahrheit?

- Niemand hat danach gefragt – ist es also überhaupt eine Lüge?
- Vielleicht spielte nicht die Abstammung, sondern die väterliche Liebe die Hauptrolle für Nathan.
- Welche Veränderungen hätten sich durch das Wissen für Recha ergeben?
- So hat er Recha geschützt.
- Es schien ihm nicht erforderlich, sie musste schließlich nichts entbehren.
- Er wusste nichts über die Mutter.
- Vielleicht hatte er Angst, sie zu verlieren.
- Die Wunden über den Verlust seiner Familie wären wieder aufgerissen.

Welche inhaltlichen Hinweise gibt die Grafik?

- alle Religionen in einer Stadt vereint
- eigentlich steht auch der Tempelritter zwischen den Religionen: aufgewachsen und erzogen als Christ – gehört aber eigentlich in die Familie eines Moslems (Saladins Neffe)
- sieht so friedlich aus unter dem gleichen blauen Himmel
- die Heiligtümer werden von verschiedenen Religionen umkämpft
- er muss sich entscheiden, wie stellt man das an?
- steht verloren da in einem Land, das er sich ganz anders vorgestellt hat
- Überlegung, was das Beste für ihn ist

Tempelritter

- nicht beim leiblichen Vater aufgewachsen – ungeliebt
- man ließ ihn sein Anderssein spüren, vor allem sein Onkel Konrad von Stauffen
- er kennt seine wahre Herkunft lange nicht, erfährt sie durch einen Zufall
- Saladin rettet ihm das Leben
- ist Christ, aber hat muslimische Wurzeln

↔

Parallelen zwischen dem Tempelritter und Recha

↔

Recha

- nicht beim leiblichen Vater aufgewachsen
- geliebt wie das eigene Kind – in Geborgenheit
- kennt ihre wahre Herkunft lange nicht, erfährt sie nicht durch ihren Vater
- Nathan rettet ihr das Leben
- ist Jüdin, aber hat christliche Wurzeln

Innerer Monolog		
Form	**Sprache**	**Inhalt**
Ich-Form	• Sprache der Figur • Schreibstil: persönliche Gedanken und Empfindungen • formulieren • rhetorische Fragen (= Fragen, die sich die Figur selbst stellt und auf die man nicht antworten muss, die einen aber beschäftigen) • Wechsel zwischen Präteritum (Plusquamperfekt) und Präsens	• Gedankengang ausführlich verfolgen – nachvollziehbar gestalten • widersprüchliche Gedanken beschäftigen die Figur (sprunghaftes Hin- und Herüberlegen) • Rückerinnerungen einbauen, um vorausgegangene Ergeignisse wiederzugeben • zeitliche Reihenfolge der Ereignisse muss nicht eingehalten werden • am Ende zu einer Entscheidung oder einer Lösung des Problems aus Sicht der Figuren kommen • Wesenszüge der Figuren müssen erkennbar sein

Schreibaufgaben – Gespräch / Dialog

SH 50

Dialog zwischen Geschem und Elijahu

Situation aus dem Textauszug:
- Scham
- Zwiespalt mit dem arabischen und jüdischen Namen
- Erklärungssuche
- Wer bin ich?
- Unsicherheit
- zwei Namen oder gar keinen Namen – Situation ist so und so schwierig

Schlüsselbegriffe aus dem Vortext und der Aufgabe:
- Geschem auf der Suche nach dem Platz im Leben
- Erinnerungen an sein früheres Leben
- Aufnahme in Nathans Haus
- der Junge, der ihm stolz seine Stadt zeigte, ging in die Moschee; er konnte nicht folgen ...
- unsicher
- Geschem vertraut sich Elijahu an – dieser ist wie ein Vater
- Nathan und seine Tochter
- Was zählt wirklich im Leben?

Warum hat Elijahu Geschem damals mit in Nathans Haus genommen?
- Nächstenliebe, er tat ihm leid
- Geschem hatte niemanden auf der Welt, der ihm helfen kann – allein, verlassen, verletzt

Wie wichtig ist es, einen Namen zu haben, und vor allem wofür ist es wichtig?
- der eigene Name bezeugt die Identität
- zeigt Zugehörigkeit zu einer Familie / Gruppe
- durch einen Namen wird man von anderen wahrgenommen / ernst genommen

Kann ein Name Charakter und Religionszugehörigkeit ausdrücken?
- religiöse Namen werden meist absichtlich vergeben, müssen aber nicht zwangsläufig auf eine Religionszugehörigkeit hinweisen
- ein Name macht keinen Charakter, sondern die Handlungen und Taten sowie die Worte

Kann man sich einen Namen oder seine Religion einfach aussuchen?
- im Normalfall geben die Eltern den Namen
- wenn man ihn sich selbst aussuchen könnte, dann würde man sicher überlegen, was aus welchem Grund er zu einem passt bzw. welcher Name etwas über einen aussagen kann
- auch seine Religion sucht man sich nicht einfach aus, meist prägen die Taufe und die Erziehung
- wenn man sich seine Religion aussucht, dann ist das ein Prozess, in dem man feststellt, welche Rituale und Prioritäten einem selbst helfen, sein Leben zu gestalten und anderen gegenüber menschlich zu handeln

Woran erkennt man, dass man an einen Ort gehört, dass man sein Zuhause gefunden hat?
- Liebe, Geborgenheit, Respekt der Menschen um einen herum

Was bedeuten Elijahu, Nathan, Recha und Zipora für Geschem?
- sie sind seine Familie, sie geben ihm ein Zuhause und lassen ihn Mensch sein

Warum hat Geschem so lange gezögert, mit Elijahu zu sprechen?
- Geschem ist noch sehr unsicher im Umgang mit anderen Menschen
- er hat keine Erfahrung damit, mit anderen zu sprechen, schon gar nicht über seine Gefühle und Ängste

Gibt es Parallelen zwischen Geschem und Recha?
- auch Recha ist ein Findelkind und kommt durch eine andere Person in Nathans Haus
- beide hatten jeweils einen Retter – Nathan und Elijahu
- Recha sucht genau wie Geschem nach ihrer Identität und fragt sich, wer sie eigentlich ist

Wie wird sich das Verhältnis der beiden zukünftig gestalten?
- ein Verhältnis zwischen Vater und Sohn, aber auch zwischen Freunden
- Geschem wird viel von Elijahu lernen und zusammen mit Zipora eine kleine, neue Familie bilden

Schreibaufgaben – Persönlicher Brief

SH 51

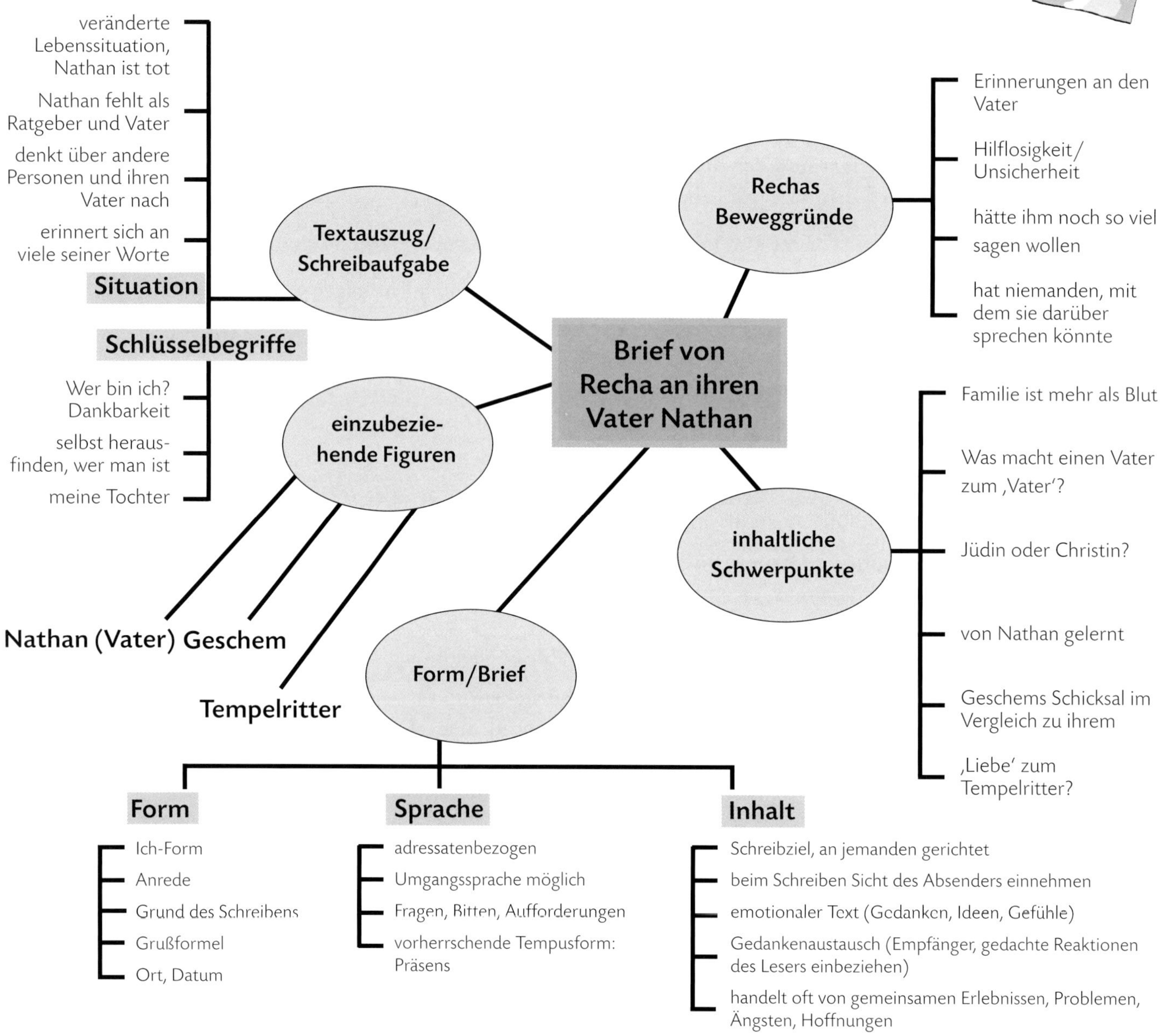

Eine weitere Schreibaufgabe, die nicht im Schülerheft enthalten ist

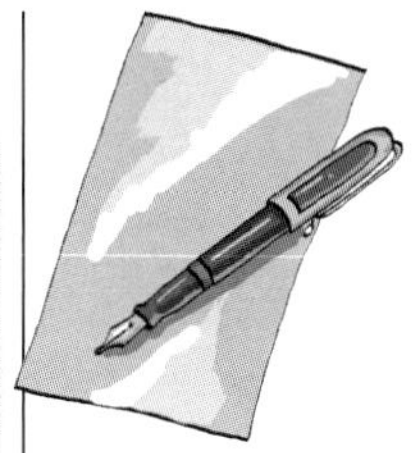

Nach Nathans Tod erzählt der Tempelritter Recha einiges über seine Vergangenheit. Er ist der Meinung, dass sie beide vieles gemeinsam haben.

„»Auch das ist etwas, was uns verbindet«, sagte er. »Wir sind beide verlassene, elternlose Kinder.«“
Ich blieb ebenfalls stehen. »Das stimmt nicht«, sagte ich. »Ich bin kein verlassenes, elternloses Kind. Ich hatte einen Vater, der mich liebte.«“ (S. 245/15–19)

Nachdem sich der Tempelritter von Recha verabschiedet hat, gehen ihm ihre Worte nicht aus dem Sinn. Hatte sie recht? War sie gar nicht so wie er? Er denkt zurück an den Tag, als er sie zum ersten Mal sah und sich in sie verliebt hatte. Er grübelt darüber nach, was geschehen ist, denn am Ende blieb von dieser Liebe bei beiden nichts übrig.

Verfasse den Tagebucheintrag, den der Tempelritter noch an diesem Abend schreibt.

Ein Tagebucheintrag ist die persönlichste Form des Schreibens, an der man eigentlich niemanden teilhaben lassen möchte. In ihm werden Erinnerungen mit der Gegenwart verknüpft und momentane Gefühlslagen festgehalten. Außerdem kann man in ihm Fragen stellen und selbst beantworten oder auch unbeantwortet lassen.
Gedanken werden in der Reihenfolge niedergeschrieben, in der sie in den Sinn kommen (Gedankenstrom). Dennoch muss ein ‚roter Faden‘ erkennbar sein. Dieser ergibt sich aber aus der Aufgabenstellung und der Textstelle.

Tagebucheintrag		
Form	**Sprache**	**Inhalt**
• **Ich-Form** • **Datum** • **mit oder ohne Anrede**	• Schreibstil: schildernde Elemente • Fragen • Ellipsen / unvollständige Sätze (Gedankensprünge) • Wiederholungen • Einwortsätze • Interjektionen • verschiedene Satzzeichen • vorherrschende Tempusform: Präsens	• persönliche Gefühle, Gedanken und Empfindungen • Gedankensprünge • Erlebnisse aufschreiben, verarbeiten, archivieren, hinterfragen • an niemanden gerichtet / Selbstgespräch

Inhalt:
- Untersuchung von Gemeinsamkeiten und Unterschieden
- wichtige Details aus der Vergangenheit des Tempelritters (Namen des Onkels getragen, aber nicht wirklich zur Familie gehört; „einer wie du ...“)
- verlassen von wem und warum (Tempelritter und Recha)
- elternlos (leibliche Eltern oder die Menschen, die einen wirklich lieben)
- Beschreibung der Entstehung der Liebe zwischen den beiden
- Liebe zwischen den beiden ist verloren gegangen – warum?
- mögliche Ursachen: zu engstirnige Wahrnehmung von Religion durch den Tempelritter; Rechas Begegnung mit Lea und ihre Aussagen über das Leben als verheiratete Frau
- War es wirklich Liebe?

Gefühlslage:
- Verwirrung
- Enttäuschung
- Nachdenken und Rekonstruieren von Zusammenhängen
- fühlt sich allein und unverstanden

SH 52/53

SH 52

Nathans Traum – nur ein Traum?

SH 52 – 56, Umschlag

Beim Transfer können Schüler zeigen, wie sie die Konflikte im Roman verarbeitet haben, welche Einstellungen sie selbst zur Thematik haben. Auch wollen wir mit dieser Seite anregen, über die Gegenwart, über das menschliche und politische Miteinander im 21. Jahrhundert nachzudenken.

Die Aufgabenstellung zielt einerseits auf politische Ereignisse in der ganzen Welt, etwa den Nahost-Konflikt oder die Ereignisse in Ägypten. Aber auch in Deutschland und im persönlichen Umfeld können sich Konflikte und Anregungen ergeben, etwa der Streit um das Kopftuch oder um das Beten in der Schule usw.

In einem Brainstorming lassen sich solche aktuellen Konflikte mit religiösem Hintergrund zusammentragen. **Vorschlag:** Einige Schüler gestalten eine Zusammenstellung von aktuellen Zeitungsüberschriften mittels einer Internetrecherche:

AFP, 28.4.2004, 23:24 Uhr

Erneut Religionskonflikte

95 Tote bei Unruhen im Süden Thailands

Bangkok (AFP) – Bei gewaltsamen Zusammenstößen zwischen Sicherheitskräften und Rebellen im moslemischen Süden Thailands sind nach neuen Angaben bis zu 95 Menschen getötet worden.

1.7.2008

Religionskonflikte weltweit – Politik im Namen Gottes

„Religionskonflikte" – Geht es wirklich immer um die Religion?

SALZBURG (epd/ah) / Nachrichten über scheinbar religiös motivierte Konflikte in der Welt sind beinahe alltäglich geworden. Kriege, Auseinandersetzungen zwischen einzelnen Bevölkerungsgruppen waren und sind ein brennendes Thema.

Stern online, 5.4.2006, 14:42 Uhr

Religionskonflikt: „Möge Gott das Haus der Christen einstürzen lassen"

Spiegel online, 15.3.2011

Proteste in Gaza

Palästinas Jugend wacht auf

Ermutigt von den Aufständen in der arabischen Welt formiert sich auch in den Palästinensergebieten der Protest. Tausende demonstrierten im Gaza-Streifen und im Westjordanland für die Einheit ihres Volkes. Die Machthaber von Hamas und Fatah versuchen nun, die Bewegung für ihre Zwecke zu nutzen.

Von Juliane von Mittelstaedt, Tel Aviv

Spiegel online, 29.11.2011

Nahost

Raketen aus dem Libanon treffen Israel

Israel ist aus dem Libanon mit Raketen beschossen worden – mehrere Gebäude wurden beschädigt. Die israelische Armee soll daraufhin das Gebiet im Nachbarland mit Granatfeuer angegriffen haben.

Spiegel online http://www.spiegel.de/politik/ausland/0,1518,800498,00.html

Spiegel online, 2.11.2011

Nuklearstreit

Israel testet Atomrakete mit Reichweite bis Iran

http://www.spiegel.de/politik/ausland/0,1518,795556,00.html

Die Zeit ONLINE, 3.11.2011

Ägypten – Für Kopten gibt es keinen Arabischen Frühling

Die Christen sind die Verlierer der Revolution: Sie werden verfolgt und getötet. Rund 100 000 haben das Land verlassen. Sie sehen keine Zukunft für sich.

http://www.zeit.de/politik/ausland/2011-11/kopten-aegypten-flucht

Frankfurter Rundschau, 3.12.2011

Weiter Streit um Moscheebau

Der geplante Moscheebau an der Enkheimer Edisonstraße erregt nach wie vor die Gemüter. Zwar hat sich der Bauträger, der Afghanische Kulturverein Frankfurt, Mitte Juni von seinem umstrittenen Imam Said Khobaib Sadat getrennt, doch die Diskussion um das Für und Wider eines muslimischen Gotteshauses in Enkheim hält im zuständigen Ortsbeirat 16 weiter an.

http://www.fr-online.de/frankfurt/diskussion-in-bergen-enkheim-weiter-streit-um-moscheebau,1472798,4569412.html

Parallel werden Beispiele zusammengestellt, wo sich Toleranz und Miteinander zeigen, einige Beispiele:

Schwäbische Zeitung, 11.10.2011
„Oktober, die erste interreligiöse Feier in der Friedenskirche – ein Meilenstein im Verhältnis von Christen und Muslimen in Biberach. [...]"

Auf der Seite der Deutschen Islam-Konferenz werden Projekte vorgestellt:

„Christen begegnen Muslimen"

Islamisches Gemeindezentrum e. V. Brühl, Evangelische Kirchengemeinde Brühl, Katholische Kirche Brühl
Projektbeschreibung: Das Projekt setzt auf Veranstaltungen, Gesprächskreise und Begegnungen zwischen den Religionen. Die Veranstaltungen finden abwechselnd in der Moschee und in christlichen Kirchen statt. Dialog und Begegnung werden als Wege gesehen, den Anderen und seine Religion kennen zu lernen, zu verstehen und zu achten. Weiterhin wird im Dialog nach Möglichkeiten gesucht, das Miteinander von Menschen unterschiedlicher kultureller Herkunft und religiöser Beheimatung friedlich zu gestalten.

http://www.deutsche-islam-konferenz.de/SubSites/DIK/DE/BisherigeErgebnisse/Integrationspreis/ProjekteBewerbungen/preiskategorien-node.html

Interessant wird sein, ob auch Beispiele aus dem persönlichen Erfahrungsbereich eingebracht werden können.

Wo und wie kannst du dazu beitragen, dass Nathans Traum gelebte Wirklichkeit wird?

- Sich informieren über die Religionen und deren Gemeinsamkeiten
- Sich beteiligen an gemeinsamen Veranstaltungen: Einblicke nehmen
- Widersprechen, wenn Mitschüler wegen ihres Glaubens diskriminiert werden
- Überprüfen, wie die persönlichen Kontakte zu Mitschülern, auch anderer Religionen sind
- Gutes tun, helfen, da dies eine andere gute Tat auslösen kann
- Auch Atheisten können Nathans Ideale leben – sie sind ethisch allgemeingültig
- Eine Religion darf niemanden zu etwas zwingen, was er nicht möchte

Nathans Traum – nur ein Traum?

SH 53

Martin Luther Kings Traum wurde ein gutes Stück Wirklichkeit. Der Weg war lang und forderte viele Opfer durch Rassisten und Fanatiker. Die Gleichberechtigung der schwarzen Amerikaner und die Wahl Obamas sind ein Stück Erfüllung des Traums: Die *Kinder* (!) der Bürgerrechtsbewegung ziehen ins Weiße Haus ein.

Die Rede von Bundespräsident Wulff stieß auf Zustimmung und auf Ablehnung. Vor allem seine Aussage „Aber der Islam gehört inzwischen auch zu Deutschland" wurde kritisiert, da er dadurch die christlich-abendländischen Wurzeln infrage stelle, so einige der Einwände.

Einige Fakten dazu:

Je knapp ein Drittel aller Menschen in Deutschland sind Katholiken oder Protestanten (zum größten Teil durch die evangelische Kirche in Deutschland bzw. ihre Mitgliedskirchen vertreten) oder ohne Glaubensbekenntnis, konfessionslos.
Die Zahl der Muslime wird auf bis zu 4,3 Millionen geschätzt, was etwa bis 5 % der Gesamtbevölkerung entspricht. Andere Religionsgemeinschaften spielen in Deutschland, gemessen am Anteil an der Gesamtbevölkerung, nur eine untergeordnete Rolle.
Rund 45 % der Muslime und damit circa 1,8 Millionen Menschen sind deutsche Staatsangehörige; 55 % verfügen über eine ausländische Nationalität.
Die dem Zentralrat der Juden angeschlossenen Gemeinden und Landesverbände zählen circa 105 000 Mitglieder. Die Zahl nichtpraktizierender Juden wird auf circa 100 000 geschätzt, sodass in Deutschland heute circa 200 000 Juden, meistens osteuropäischer Herkunft, leben.

Quelle: http://de.wikipedia.org/wiki/Religionen_in_Deutschland

Besonders interessant ist ein Statement, das Wulff von einer Gruppe von Schülern mit familiären Wurzeln in über 70 Ländern erhielt: *„Für uns spielt keine Rolle, woher einer kommt, sondern vielmehr, wohin einer will. Wir glauben, dass wir gemeinsam unseren Weg finden werden."*

Wulff spricht auch Grenzen der Religionsfreiheit an: Die Glaubens- und Gewissensfreiheit muss auch die Gleichberechtigung von Mann und Frau anerkennen, die Grundrechte können nicht über den Glauben durch Vorgabe einer Religionskonvention außer Kraft gesetzt oder umgangen werden. Auch Werte unseres Landes (die er nicht genau nennt), müssen übernommen werden.
Fundamentalistischen Bestrebungen oder gar Extremisten müsse von allen entgegengetreten werden.

Methode Placemat – ein gemeinsames Ergebnis finden:

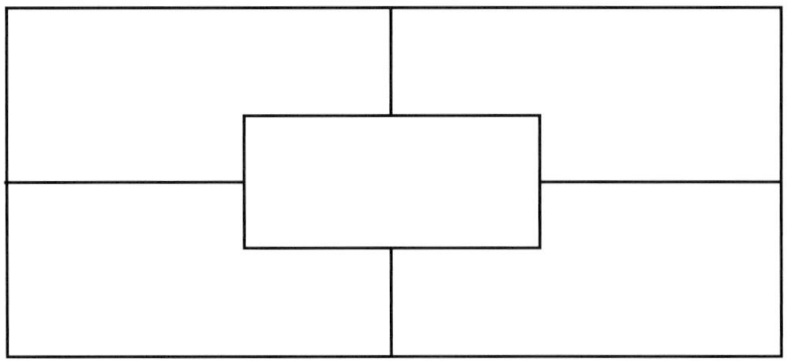

- Die Schülerinnen und Schüler setzen sich in Gruppen – vorzugsweise Vierergruppen – zusammen.
- Jede Gruppe erhält einen großen Bogen Papier (DIN A3 oder größer) und zeichnet sich eine ‚Placemat'.
- Jeder Schüler hat im Außenbereich des Blattes ein eigenes Feld.
- In diesem Feld notiert jedes Gruppenmitglied seine eigenen Gedanken zur Aufgabenstellung.
- Nach dieser Einzelarbeit tauschen die Schülerinnen und Schüler in einer zweiten Phase in der Gruppe ihre individuellen Antworten bzw. Ideen aus, indem das Blatt gedreht wird, sodass alle Gruppenmitglieder alle Notizen zur Kenntnis nehmen können.
- In einer dritten Phase diskutieren die Gruppenmitglieder die Notizen und einigen sich auf Antworten und Ergebnisse, die sie als gemeinsames Ergebnis in das mittlere Feld eintragen. Dabei sollen sie sich auf eine ungerade Anzahl an Erkenntnissen einigen.
- Zum Schluss präsentiert jede der Arbeitsgruppen ihre Ergebnisse vor der Klasse.

SH 54/55

Mirjam Pressler

Im Interview mit Corinna Abbassi-Götte stellt Mirjam Pressler einige ihrer Motive vor, den Roman „Nathan und seine Kinder" zu schreiben, und geht auch auf Änderungen in ihren Figuren und in ihrem Schluss ein. Diese können in die Untersuchung der Komposition und in eine Aussprache über den Roman einbezogen werden.

SH 56

Gotthold Ephraim Lessing: „Nathan der Weise"

SH Umschlag hinten

Unterschiede Lessing – Pressler

Pressler hat Lessing mit ihrem Roman ‚ihre Referenz' erwiesen. Sie erklärt ihre Änderungen in den Figuren, den offenen Schluss und ihre Erzähltechnik so: „Heute muss man eine solche Geschichte eben anders erzählen."
(M. Pressler, Interview mit Corinna Abbassi-Götte)

Diese Aussage könnte zum Anlass genommen werden, diese Unterschiede und deren Wirkung zu untersuchen. Dabei werden die Leseerwartungen (SH 3) und die Informationen zu den Unterschieden zwischen Roman und Lessings Drama einbezogen (SH Umschlag).

Im Internet finden sich begeisterte wie kritische Stimmen jugendlicher Leser. Die einen fühlen sich durch die Figuren, deren Schicksal und die lebendige atmosphärische Erzählweise angesprochen, andere sehen gerade deren Erinnerungen und Gedanken als ‚zu breit' dargestellt, sie haben sich mehr Handlung und Spannung erwartet oder wollten den Konflikt zwischen Nathan und dem Sultan gerne weitererzählt haben.

Wie sehen Ihre Leserinnen und Leser das?

Zwei Anregungen:

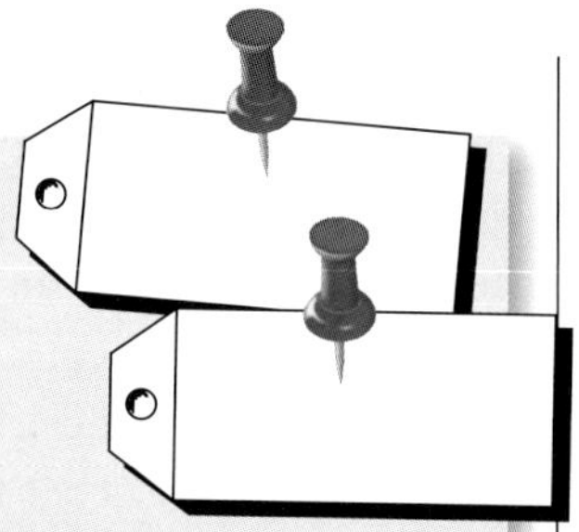

1. Vorschlag:

Jede/r Schüler/-in erhält zwei weiße und zwei blaue Metaplankarten.
Auf den weißen wird in Stichworten festgehalten:

- Das hat mir am Roman gefallen

Auf den blauen Karten steht:

- Das hat mich gestört oder mein Lektüreinteresse gebremst

Einige Schüler heften die Karten nach einer Sortierung an. Dabei werden häufig vorgebrachte positive und negative Kritiken ‚gebündelt'. Auffallend gegensätzliche Meinungen werden nebeneinander platziert.

2. Vorschlag:

Eine Rezension zum Roman verfassen, z. B. für die Schülerbücherei oder als Empfehlung für Mitschüler. Als Beispiel kann Corinna Abbassi-Göttes Rezension dienen. Interessant wird es sein, wo Ihre Rezensenten zustimmen oder widersprechen.

Jugendbuch-Rezension von Corinna Abbassi-Götte: »Nathan der Weise«
[Jugendbuch des Monats – Dezember 2009]

Der Kaufmann Nathan träumt davon, dass eines Tages Juden, Christen und Muslime in Frieden miteinander leben werden. Doch in Jerusalem um 1192 zur Zeit des Dritten Kreuzzuges sind die Diskrepanzen zwischen den Religionen groß. Vor allem für die wohlhabenden Juden ist die Lage gefährlich, und Nathan weiß, dass sein Traum wohl immer ein Traum bleiben wird.
Der jüdische Kaufmann Nathan kehrt nach Hause zurück und muss erfahren, dass ein Feuer in seinem Haus ausgebrochen ist. Durch einen glücklichen Zufall wurde seine Tochter Recha von einem jungen Tempelritter aus den Flammen gerettet. Dieser junge Tempelritter, Curd von Stauffen, steht unter dem Schutz des Sultans und ist als einziger Tempelritter nicht getötet worden. Natürlich wollen Nathan und Recha sich bei dem jungen Mann bedanken, doch dieser will als Christ mit einem Juden nichts zu schaffen haben. Nathan gelingt es schließlich jedoch, ihn einzuladen. Die beiden Männer werden schnell zu Freunden, und auch Recha und Curd entwickeln Gefühle füreinander.
Da Nathan ein reicher Kaufmann ist und die Kassen des Sultans leer sind, wirft dieser recht schnell ein Auge auf sein Vermögen. Doch er kann es nicht einfach nehmen, und so kommt es zur berühmten Frage des Sultans an Nathan: „**»Welche Religion ist die einzig wahre?«**"
Der Sultan weiß, dass Nathan seine Religion nicht verleugnen würde, und gleichzeitig ist es gefährlich, etwas gegen den Islam sagen. Doch Nathan wird nicht umsonst „der Weise" genannt. Er findet eine Antwort.
Natürlich ist es kein Geheimnis, dass Mirjam Pressler Gotthold Ephraim Lessings „Nathan der Weise" in ihren eigenen Worten erzählt, und aus der Nachbemerkung geht hervor, dass es ihr ein Bedürfnis war, die ‚im Dienst ihrer Gedanken' stehenden Figuren Lessings plastischer und lebendiger darzustellen. Dies sei in einem Roman leichter umzusetzen als in einem Drama, einem Theaterstück. Um die Personen in eine soziale Wirklichkeit einzubetten und einen möglichen Alltag zu beschreiben, erklärt die Autorin weiter, hat sie einige Personen hinzugefügt. Insgesamt jedoch hat sie sich so weit wie möglich an Lessings Vorgabe gehalten, schon um ihm ihre Referenz zu erweisen. Sie hat sich jedoch Änderungen erlaubt, wenn es ihr logisch erschien, und bezeichnet ihren Roman nicht als Gegentext, sondern als Variation zu Lessings Werk.
Sofort fällt auf, dass Mirjam Pressler einen ganz besonderen Kunstgriff gewählt hat: Sie lässt ihre Charaktere selbst zu Wort kommen; jedes Kapitel wird von einer anderen Person erzählt. Aus den unterschiedlichen Blickwinkeln erfährt der Leser nun von den Vorgängen um Nathan, von ihren eigenen Gefühlen, den Gründen für ihr Handeln und ihren Wünschen. Den Handlungsverlauf nie aus den Augen verlierend und diesem chronologisch folgend, mit natürlich einigen Ausflügen in die Vergangenheit der ein oder anderen Person, setzt sich nach und nach ein umfassendes Bild der Ereignisse zusammen, wobei Nathans Figur stets im Mittelpunkt steht. Die Geschichte beginnt mit dem Jungen Geschem, der in Nathans Haushalt lebt. Es folgen Rechas Gesellschafterin Daja, Nathans Verwalter Elijahu, der junge Tempelritter, Recha, der Freund Nathans und Cousin des Sultans Al-Hafi, ja sogar die Schwester des Sultans Sittah und der Hauptmann Abu Hassan.

Nathan selbst kommt jedoch nicht zu Wort – ein geschickter Zug, denn auf diese Weise wird umso deutlicher, wie sich das Netz um ihn trotz seiner Sanftheit, Toleranz und Menschenfreundlichkeit immer weiter zuzieht.
Mirjam Pressler schafft es durch ihre klare Ausdrucksweise, bei der jeder Satz wohlformuliert und mit Bedacht gesetzt scheint, nicht nur den Leser zu fesseln, sie berührt ihn und reißt ihn mit. Ihr Vorhaben, die Figuren plastisch und lebendig darzustellen, ist ihr ganz klar gelungen – und mehr als das. Sie geht durch die individuellen Lebensgeschichten der Figuren auf die Hintergründe der damaligen Zeit ein und schafft so ein komplexes, stimmiges und auch wertfreies Bild.
Die Beweggründe Curd von Stauffens, als Tempelritter ins „Heilige Land" zu ziehen, werden dabei zum Beispiel ebenso beleuchtet wie Saladins Taten oder die tragische Vergangenheit Dajas. Und obwohl diese fiktive Figurenkonstellation von Lessing erdacht und von Pressler erweitert wurde, hat man doch das Gefühl, ein Stück Zeitgeschichte vor sich zu haben. Und es ist ihr gelungen, nicht nur eine Variation von Lessings „Nathan der Weise" vorzulegen, sie hat einen modernen Roman verfasst, der trotzdem um das Jahr 1192 angesiedelt ist, eine nach wie vor aktuelle Thematik beleuchtet. Auch heute noch entstehen im Namen der Religion Kriege, werden Verbrechen begangen und kommen die Menschen nicht zueinander.

FAZIT:

Neben sämtlichen Bezügen zu Gotthold Ephraim Lessings „Nathan der Weise" und abgesehen von der unumstößlichen Tatsache, dass Mirjam Presslers Variation dieses bedeutenden Klassikers sowohl inhaltlich als auch schriftstellerisch hervorragend ist: Ihr Roman für jugendliche und erwachsene Leser unterhält, fesselt und berührt!

http://www.jugendbuch-couch.de/mirjam-pressler-nathan-und-seine-kinder.html

SH 56

Gotthold Ephraim Lessing und die Gedanken der Aufklärung

In zahlreichen Rezensionen zum Roman wird gewürdigt, dass Mirjam Pressler auch die philosophische Aufklärung und wichtige Ideen Lessings in den Horizont von Jugendlichen rückt. Dies ist sicher auch einer der Gründe, weshalb der Roman bald nach seinem Erscheinen in mehreren Bundesländern zur Schullektüre wurde.

Sicher kann der Roman für sich gelesen werden, ohne den Vergleich zu Lessing und dessen Gedanken. Interessant ist es allemal, sich mit diesen zu beschäftigen:

- Lessing spricht auf geradezu moderne Weise das Problem der Wahrheitsfindung als ‚Anstrengung' an.
- In seiner ‚Duplik' warnt er vor denen, die meinten, über die Wahrheit zu verfügen:
  Intoleranz, Gewalt und auch Ideologien könnten legitimiert werden, wenn jemand (eine Religion, eine Partei, ein Staat, ein einzelner Mensch, eine Gruppe) in Anspruch nimmt, über die Wahrheit zu verfügen.
- In der Herabwürdigung anderer Religionen und ‚Andersgläubiger' oder ‚Ungläubiger' sieht Lessing eine Gefahr.
- Sein Toleranzbegriff ist aktueller denn je: Toleranz bedeutet nicht einfach ‚Duldung', nicht nur ein ‚Nebeneinander', sondern erfordert die geistige und aktuelle Auseinandersetzung mit fremden Ideen und Kulturen als Chance der persönlichen und kulturellen Bereicherung.
- Andere Religionen und Kulturen sind auf ihren ‚Wahrheitskern' hin zu befragen und dieser ist anzuerkennen. So können auch Anregungen entstehen. Anders formuliert: Die Anstrengung bringt nicht nur ein Mehr an Wahrheit, sondern auch einen Zugewinn.
- Zugehörigkeit und Berufung auf eine Religion oder Konfession ist kein Garant für ein gerechtes Leben.

SH Umschlag hinten

Auf dieser Seite werden die wesentlichen Unterschiede des Romans zum Drama Lessings aufgelistet. Sie können einbezogen werden, um die Erzählweise Mirjam Presslers zu untersuchen.
Besonders interessant sind dabei die neuen Figuren, mit denen neue Themen erschlossen werden (Geschem, Elijahu, Abu Hassan), und natürlich der andere Schluss.

Die folgenden Seiten enthalten alle Illustrationen aus dem Schülerheft als Kopiervorlage und zur Gestaltung eigener Arbeitsblätter oder Visualisierungen.

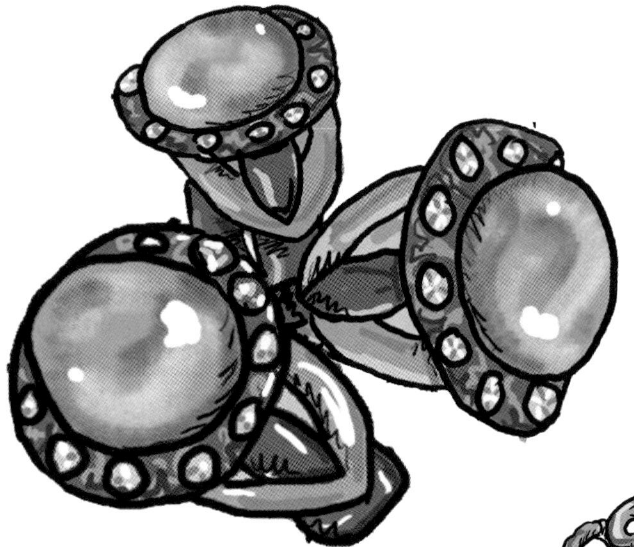

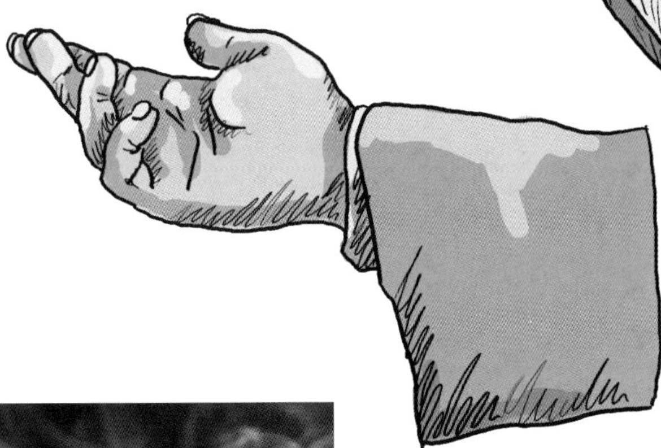

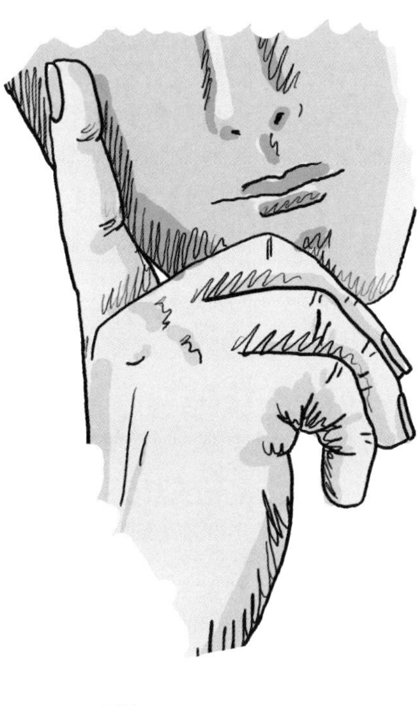

Illustrationen: Gabi Strauß

Gesch